U0553056

集人文社科之思　刊专业学术之声

集 刊 名：新媒体公共传播

主办单位：郑州大学新闻与传播学院

郑州大学新媒体研究院

策　　划：张举玺　吴爱民　张淑华

NEW MEDIA & PUBLIC COMMUNICATION, No.6

第6辑

集刊序列号：PIJ-2018-359

中国集刊网：www.jikan.com.cn/ 新媒体公共传播

集刊投约稿平台：www.iedol.cn

张淑华 ◎主编

NEW MEDIA

&

PUBLIC

COMMUNICATION

新媒体公共传播

（第6辑）

社会科学文献出版社
SOCIAL SCIENCES ACADEMIC PRESS (CHINA)

目　录

公共传播

聚焦新媒体

会议综述

Contents

Public Communication

Focus on New Media

Conference Review

回眸"网"年

2021 年度中国公共传播研究综述

张淑华　　贺子宸[*]

摘　要： 2021 年中国学界对"公共传播"议题的探讨从"疏散"走向"整合"，不仅将视野聚焦于宏观理论的建构，更是为微观议题的探讨、研究范式的更新提供了全新思路。本文选出 620 篇具有代表性的"公共传播"相关文献，在梳理基础理论的同时，对涉及的典型议题，如"百年党建中新闻传播实践""风险传播和风险感知""平台数字劳动"等进行重点探讨，以期能粗略勾勒年度公共传播研究的大致取向和内容轮廓。

关键词： 公共传播；百年党建；风险传播；数字劳动

A Literature Review on China's Public Communication in 2021

Shuhua Zhang；*Zichen He*

[**Abstract**] In 2021, the discussion of "public communication" in Chinese academic circles has shifted from "evacuation" to "integration." It not only focuses on the construction of macro theory, but also provides new ideas for the discussion of micro issues and the renewal of research paradigm. This paper selects 620 representative "public communication" related literature, and focuses on the typical issues involved, such as "practice of news and communication in centenary of CPC", "risk communication and risk perception", "platform digital labor", while combing the basic theory, in

---

* 张淑华，郑州大学新闻与传播学院教授、博士生导师；贺子宸，郑州大学新闻与传播学院 2020 级博士生。

order to roughly outline the general orientation and content outline of the annual public communication research.

［**Keywords**］Public Communication；Centenary of CPC；Risk Communication；Public Issues

伴随 5G 和人工智能的发展，中国的媒体融合进入纵深发展阶段，从局部转型演变为系统重建，公共传播体系的重建是当前媒体系统重建的关键。[1]2021 年以"公共传播"为主题的论坛和讲座持续"火爆"，浙江大学公共外交与战略传播研究中心召开了第三届公共传播学术论坛——"公共传播：百年融会与创新未来"；东北师范大学召开了第二届中国公共传播论坛。郑州大学新闻与传播学院、新媒体研究院更是持续深耕，于 2021 年 11 月 13 日召开了第五届"新媒体公共传播"学术研讨会，来自中国社会科学院、北京大学、复旦大学、中国人民大学的近百名学者参会，胡正荣、隋岩、尹韵公、蒋晓丽、朱春阳、张志安、师曾志、王锡苓、李艳红、王秋菊、张垒、钟欣、沙垚、牛耀红等国内知名学者，围绕国际传播、乡村传播等话题进行主题发言，上百所新闻院校的师生聚集云端，直播点击量超过 2 万人次。

2021 年正值中国共产党成立 100 周年，《新闻与传播研究》《新闻大学》《现代传播》《国际新闻界》等期刊开辟了"建党百年"等专题，从回顾历史出发，将史料和当代现实结合，进一步丰富和发展了中国共产党百年进程中马克思主义新闻观。[2]这是 2021 年公共传播研究的显著特色。

以"公共传播"和"公共+传播"为主题词，检索 2021 年的论文成果，分别获得论文 72 篇和 3757 篇，尽管数据较 2020 年有所下降，但依旧可以看出公共传播研究热度的持续性。2019～2022 年以"公共传播"为主题的发文量总体趋势见图 1。在兼顾权威性和覆盖面的思路下，本文通过对"四大学刊"年度刊出的所有论文进行人工筛选，以及对 CSSCI 期刊、中文核心期刊以"公共传播"为主题词进行检索的办法，共选出论文 620 篇，作为本文的研究文本和数据来源。并对从中遴选出的公共传播概念等基础理论的拓展、年度典型议题的百年党建中新闻传播实践、作为学术热点的数字平台及数字劳动、作为社会焦点的公共卫生事件和健康传播等显性话题做重点讨论，以期能粗略勾勒年度公共传播研究的大致取向和内容轮廓。2021 年公共传播研究相关主题、关键词、出现频次的排序情况见表 1。

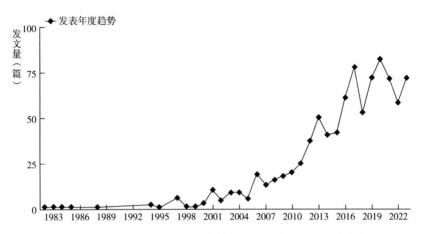

图 1　1983~2022 年以"公共传播"为主题的发文量总体趋势

资料来源：根据知网检索数据整理得到。

表 1　2021 年公共传播相关研究主题、关键词、出现频次的排序情况

序号	相关研究主题	关键词	出现频次（次）
1	国际传播	国家形象、一带一路、媒体外交、中国话语	592
2	乡村振兴	乡村治理、乡土文化、基层治理、新农人	403
3	突发公共卫生事件	健康传播、风险感知、疫苗接种、信息公开	398
4	短视频	数字平台、公共性、直播带货	297
5	媒介融合	媒介融合、县级融媒体、建设性新闻	231
6	网络舆情	公共事件、网络社群、治理效能、舆情	196
7	主流媒体	《人民日报》、多元协同、融媒体	173
8	平台劳动	数字劳动、情感劳动、劳工	133
9	建党百年	红色文化、党建引领、党报	72
10	智能传播	媒体技术、主体性、技术赋能	47

资料来源：根据知网检索数据整理得到。

一　公共传播的历史实践与当代创新

2021 年对"公共传播"理论内涵、功能路径以及研究范式等的探讨更

具深刻性。疫情背景下对公共关系、公共危机、公共事件、平台公共性等议题的讨论也展示了全新的视角，呈现从"疏散"到"整合"的趋势，对"公共传播"理论和范式的探讨更加深入。

公共传播自 20 世纪 80 年代由斯代佩斯（Stempes）在《作为公共传播的大众传播》一文中作为术语提出以来，一直缺少系统明确的理论支撑。近年来，随着对公共传播概念使用的增多，不少学者尝试对这一概念及其使用场景进行更多维度的解读。如方晨从乔治·尼禄（John Nerone）提出的"公共领域史"这一维度出发探究其实践路径；[3] 张明新、方飞结合当代互联网公众的关系和连接，提出"次反公众"和"替代性公共领域"适合作为哈贝马斯（Habermas）"公共理论"的修正。[4]"公共关系"也应当"超越自我与共同体"，在当下为连接社会、构建和谐情景做出贡献。[5] 此外，对公共传播的研究多了一些理性数据，如疫情发生后会产生大量谣言从而造成公共危机，有学者分别基于模糊集定性比较分析[6]和清晰集定性比较分析[7]得出"城市问责中的抗疫行动"和"城市问责中的情绪下沉"诱发谣言变异从而爆发谣言危机，而快速反应机制和信息公开是化解危机的关键因素。熊炎基于"在线辟谣实验"研究发现，辟谣对谣言相信度的降低效应与谣言相信度呈正相关关系，与谣言支持度呈倒 U 形关系。这一结论有助于网络管理部门更多地采用辟谣策略而非屏蔽策略来治理网络谣言。[8] 陈先红、王艳萍通过对"国务院联防联控机制新闻发布会"的143 场新闻发布会文本内容进行分析，提出政府要"为民言说"，以积极的心态和公关策略去应对疫情危机。[9]

互联网平台的崛起，再造了新的传播关系与新的公共领域，因此也衍生出不少关于平台公共性的探讨。[10] 蔡润芳认为，平台媒介范式具有"二重性"，即同时遵从集中式的技术逻辑与开放性的价值逻辑，这也造就了一种以数字治理和商业利益为目的、以算法控制为手段的"平台驱动公共领域"，从而在一定程度上消解了平台作为"公共话语场域"与"意见自由市场"的角色。[11] 与此同时"平台治理"也逐渐被提出，《平台社会：连接世界中的公共价值》作为一本对平台社会的公共性问题进行讨论的著作，对平台社会治理的基础机制、模式和利益相关方具有重要意义。[12] 李良荣等人认为，互联网平台公司已经成为信息社会中的一种社会基础性要素。作为社会治理重要工具的互联网平台，应当充分意识到私有性和公共性之间的矛盾，提升自身公共性和社会责任感。[13]

二 百年党建中的马克思主义新闻观
与报刊实践经验总结

中国共产党对新闻媒介的关注由来已久。[14]2021 年，恰逢中国共产党成立 100 周年，学者们对百年党报及其在党建中的作用做了全方位的解读。如从历史回顾角度，对中国共产党早期的宣传观念、宣传组织与宣传方法进行研究，发现中国共产党"宣传是立党之本"和通过办报建党和出版建党的历史渊源；而在内部传播过程中，中国共产党将马克思主义传播到群众中去，从而贴近民众、唤醒民众。[15]在研究马克思、恩格斯新闻思想时，将其放置在历史环境中进行全面、系统的研究，才能合理地把马克思主义的普遍原理同本国国情有机地结合在一起，不断推进马克思主义的中国化、本土化和民族化，使中国共产党区别于其他"一盘散沙"的政党。[16]邓绍根、丁丽琼认为，中国共产党百年历史是一部马克思主义中国化发展史，马克思主义新闻观的创新发展与马克思主义中国化的历史发展是同步的。马克思主义新闻观从零碎到系统、从抽象到具体、从浅表到深入，最终形成了包括新闻事业性质与功能作用、党性、人民性、新闻文风、队伍建设、国际传播等内容的一个有机整体，并逐渐确立为党的新闻舆论工作的指导思想，体现出一脉相承的延续性、与时俱进的科学性、直面现实问题的指导性等特点。[17]

"办报是党的一种重要工作方式"，[18]报刊在中国共产党百年发展过程中发挥了不可或缺的作用。龙伟、张辉甜认为，报刊不但为中共建党营造了现代政党必需的媒介环境，在早期党组织的凝聚过程中发挥了"组织者"的功能，更为党的创建提供了一条"办报—建党"的组党路径。[19]不少学者通过报纸研究中国共产党发展史，如黄志辉通过对红色报刊《红色中华》的研读发现，《红色中华》通过形成"号召-响应+革命竞赛"的作用机制，为中央苏区动员的启动、扩大和深入做出了重要贡献；[20]邓绍根认为，党中央理论机关刊物《新青年》壮大充实无产阶级新闻事业的编者作者队伍，不仅催生了中国共产党新闻事业，而且奠定了中国共产党新闻事业坚持党性原则的优良传统；[21]夏琪、陈力丹通过研究《新莱茵报》获得启示，认为马克思主义新闻观的研究应避免落入从概念到概念的窠臼，要进一步发掘中国共产党党报理论与实践的经验，遵循新闻传播规律，发展新时代的马克思主义新闻观，勿忘来时路。[22]

三 平台社会的公共性与数字劳动

2020 年一篇题为《外卖骑手，困在系统里》的文章引爆各大社交平台，由此也引发了 2021 年学界对平台和数字劳动的持续关注。随着信息通信技术的发展和数字技术的迭代，出现了"平台经济""数字灵工"[23]等众多议题。与此同时，受媒介技术和疫情的影响，大量劳动者争相涌入媒介平台进行创作，劳动过程不断转向数字化和平台化，平台和数字劳动也成为不可分割的研究议题。[22]孙萍等人认为，平台正在重塑社会结构和社会关系，并将平台作为一种研究方法，从平台作为媒介、技术和资本三种路径阐发当下平台经济在传播学领域的主要路径。[24]刘战伟等人从媒介批评维度解读"数字灵工"现象，认为"平台资本采用兴趣玩工、命运自主、情感能量、程序正义与希望劳动等一系列意识形态理念，维系着创意劳动者接受不稳定、无保障与缺乏安全感的工作，制造出创意劳动者的主动'同意'，本质上是一种隐蔽的劳动控制"。[25]黄贺铂基于"规则可见性—时间秩序操纵—情感主体性"的递进逻辑考察 MCN 机构与直播平台的"双向连接"关系，构建出"依附/能动"的 MCN 机构行业实践与从业者的情感主体性。[26]张志安等人认为，要充分把握互联网平台劳动"场景"中人与技术、劳动者与平台、劳动与社会的多重关系；[27]他们通过研究"996 工作制"、"美团外卖骑手"和新型灵活用工实践发现，互联网平台会基于不同的情境、议题和风险制定不同的应对策略：第一，抗拒与回避，实现组织内劳动的去剥削化；第二，默从与妥协，达成组织对经营环境的适应和协商；第三，控制与再造，以"零工"和"灵活劳动"话语试图对平台劳动进行价值重构；[28]其目的是对敏感劳动关系的"遮蔽"和获得合法性。

除此之外，学界对劳动主体及其公共关系策略的关注度也有所提升。信息化和数字平台的发展释放了受众长期被政治体制和精英媒介生态压抑的表达和参与欲望。然而既有研究往往借助数字劳工、情感劳工等概念，以传播政治经济学视角批评平台如何剥削、异化平台从业者，较少关注主播、骑手等主体的主观感受以及新现象、新问题。[29]丁未以"人作为基础设施"为视角，展示了网约车司机如何使用非正规技术建构平台（滴滴出行 App），从而揭示出一种另类的数字劳动现象，一个劳动者被贬值、平台技术及背后的资本被赋值的过程，进而提出数字资本主义本质上是一个"制造能动"并"反噬对抗"的新权力装置。[30]董晨宇、叶蓁则基于12个月的数码民族志，通过"关系劳动"视角，考察秀场主播如何在线上、线下维持和"直播间大哥"的经济关系和亲密关系，梳理出"标价""区分""界限"三种行动策略。[31]吕鹏进一步将秀场主播的行动策略归纳为重视容貌、关注语言及话术、认可模仿与复制以及强调人设及表演等四个方面。[32]张杰、缪倩玉则探讨了女主播以屏幕为中介、与观众间的交往情境和类社会关系的建构过程，揭示了直播间的双重接合性情境，如主播的关系实践和情感实践、观众单向想象的亲密关系等。[33]这些研究立足于中国本土经验和实地调研，丰富了资本和平台控制下的劳动主体鲜活且真实的形象。

四 公共卫生事件语境下的健康
传播与风险传播

受新冠疫情的影响，受众更加关注生理和心理健康。不少学者围绕女性HPV疫苗的接种意愿和话题想象等展开研究，通过研究公共信息交流平台（知乎网）上对HPV疫苗话题的不同幻想主题发现，"过度宣传"和"自我保护免受侵害"这两种对立主题在修辞社群中对话与协商，由此形成多元健康风险认知与对话，深度讨论健康与疾病的意义。[34]这类"健康社区"给受众带来"社会临场感"，而这种感觉（共在意识、心理参与、亲密度和健康知识分享契合度）越强的用户，他们对在线健康社区用户满意度（健康信息满意度、医患关系满意度和病患沟通满意度）越高。在新冠疫苗的接种过程中，喻国明、陈雪娇建构了"信息环境—认知—行为意愿"理论模型，试图厘清影响公众疫苗接种的综合行为路径。[35]

突发性公共卫生事件的发生常常伴随大量谣言的传播，社交媒体成为公众接收外界信息、感知风险以及疏解情绪的主要渠道，风险信息传播因此常伴随激烈的社会情绪。张国良、李龙飞认为，突发事件中，社交媒体既显现出强大的救灾能力，又混杂着大量不实信息，社交媒体场域信息的不确定性使公众的风险意识越发明显，[36]公众由此也产生出前所未有的"社交媒体依赖"。周书环、杨潇坤结合社会情绪共享和情绪传染理论发现，疫情期间公众更乐于传递积极情绪，并且相较于中立情绪，积极和负面的情绪更易产生影响。[37]冉华、耿书培基于健康信息框架分析发现，风险降低框架与时间框架存在交互作用，"损失—将来"框架的组合信息对接种意愿也有强大的劝服效果，尤其利用"损失"框架对接种意愿的劝服效果优于"增益"框架，"将来"框架比"现在"框架更能提高个体对疫苗的有效性感知和信息搜索意愿。[38]此外，任围等人研究发现权威媒体与社交媒体在疫情信息传播中具有互补作用；[39]田维钢对公共事件在短视频平台出现的研究发现，负面情绪更容易扩散、传播并引起公众的共情和互动，更易于随时被新的关联事件或人二次唤醒。

五　家、路、元宇宙：公共领域的延展与对话

2021 年的公共传播研究出现了不少"新媒介"，它们和一些新的概念总结、新的研究视角一起，拓展了人们对公共领域的认知。郭建斌、王亮将传播媒介延伸出全新的视角，把"家"和"路"也纳入媒介范畴，把"家"的含义延展为社会基本单元、亲人的集合、家屋、地方、心安之所这五个方面，不仅拓展了传播学研究新的问题空间，更蕴含了对"美丽乡村""乡村振兴"等现实问题的结构性反思；[40]此外，郭建斌、王丽娜着眼于中国传统文化中"路"与"道"的关系，把"通"理解为"传播之道"的核心，希望以此增进对传播理论话语"中国化"的理解。[41]

除此之外，在国际传播的研究范畴内，出现了更多以"茶叶""陶瓷""中医药"为代表的极具文化和艺术性的传播载体，例如中医药"一带一路"结合疫情发生后国内外对于"中医文化"的关注，发现中医药与受众之间呈现"信任、互惠和对抗"三类关系状态，由此提出"中国传统文化跨文化传播需要掌握关系构建的关键前因，并以信任为传播导向，最终形成西方之外的'中国表达'"的传播策略。[42]

新的媒介概念和现象也得到了进一步的观察和解释，譬如 2021 年最"火"的概念"元宇宙"。随着元宇宙概念第一股 ROBLOX 在美国上市，这个之前只出现在小说、电影中的概念正在嵌入现实，引发热议。喻国明对此提出了一系列思考，他认为元宇宙是从互联网进化而来的一个实时在线的世界，是由线上、线下很多个平台打通所组成的一种新的经济、社会和文明系统。具体地说，元宇宙是一个虚拟与现实高度互通，且由闭环经

济体构造的开源平台，由此引发思考：人如何在算法中认识自己和数字世界的区别和联结，清楚地认知到自己的主体价值，实现人和技术的共同发展，这才是元宇宙发展的约略图景。[43]张涛甫也对元宇宙这一概念进行了批判和反思，提出技术激进主义要慎行，技术归根结底需要人的驾驭。

在讨论新媒介形态的同时，媒介的"物质性"被反复运用于公共传播的研究。翟晨肖基于技术实践与话语建构的双重向度，讨论中国互联网基础设施的铭刻物质性与数字物质性，以及在乡村抗疫过程中，基于媒介物质性视角下"大喇叭"的传播实践如何展开；[44]胡翼青、陈洁雯基于代际差异的视角对少儿游戏进行研究发现，游戏场景赛博化、玩具生产产业化……游戏规则系统化等，这种从人玩游戏到游戏玩人的转变体现了媒介物质性体系的决定性作用。[45]

六　研究局限及对未来公共传播研究的期待

2021 年疫情下的困顿没有阻止人们进行学术研究的热忱，反而为公共传播研究带来新的色彩。疫情下的公共传播议题带有明显的时代烙印，引发了我们对公共性更深刻的思考，也使研究愈加深入人心。但同时，因疫情及管控政策的限制，不少研究难以深入田野展开长期调查，对外传播、国际传播等更是受到阻碍，无法深刻体会"在场"的真实感。另外，2021年度的对公共传播基础理论的讨论比较欠缺也不够深入，立足本土的体系性公共传播学术话语仍然需要深入总结。

展望未来的公共传播研究，首先，我们要尊重公共传播研究多元的趋势，随着公共传播研究领域的不断扩张和更新，未来对于"元宇宙""物质性""乡村传播"等热点话题的研究会持续升温，媒介建构的新公共空间和公共议题，都将是未来研究纷至沓来的对象。其次，我们要牢牢把握公共传播的社会干预价值和整体发展方向，随着冬奥会、党的二十大的召开，我国对外传播的需求、能力和地位都在增强，全球交流的回归和开放程度也在提升，由此引发的国际传播、体育传播、政治传播等将会成为持续高涨的话题。最后，我们在利用数字技术提升多元主体协商、对话、达成共识的同时，也要警惕技术暴力、数字化建设过程中的技术形式主义和官僚主义，以及对元宇宙等新兴媒介的高度警惕和人本主义的伦理规范建构，以期构建出一套以新媒体为重点关注、以增益社会和维护公益为价值的具有中国特色的新公共传播体系。

参考文献

［1］张磊，胡正荣．重建公共传播体系：媒体深度融合的关键理念与实践路径［J］．中国编辑，2022（1）：4-9.

［2］刘小燕，李静．中国共产党百年对外传播形态创新机制研究［J］．新闻大学，2021（6）：71-89+124.

［3］方晨．重返公共：乔治·尼禄的新闻史研究及其路径创新［J］．新闻大学，2021（3）：32-48+118.

［4］张明新，方飞．媒介、关系与互动：理解互联网"公众"［J］．现代传播（中国传媒大学学报），2021（12）：144-148.

［5］刘晓程，汪宁宁．超越悖论：再论对话公关"何以可能"［J］．新闻大学，2021（9）：90-103+120.

［6］廖梦夏．"谣言变异"如何影响公共危机的爆发叙事——基于功能组态的模糊集定性比较分析［J］．现代传播（中国传媒大学学报），2021（9）：60-63+74.

［7］王洛忠，李建呈．网络时代突发性公共危机化解的影响因素及作用机制——基于 40 个案例的清晰集定性比较分析［J］．现代传播（中国传媒大学学报），2021（9）：81-86.

［8］熊炎．辟谣会引发逆反之举还是自知之明与保守之心？——辟谣威胁性与辟谣正面效应的倒 U 型关系探索［J］．新闻与传播研究，2021（10）：39-56+127.

［9］陈先红，王艳萍．为民言说：政府应对疫情危机的积极公共关系策略研究［J］．新闻大学，2021（12）：38-50+121-122.

［10］苏涛，彭兰．虚实混融、人机互动及平台社会趋势下的人与媒介——2021年新媒体研究综述［J］．国际新闻界，2022（1）：44-60.

［11］蔡润芳．"围墙花园"之困：论平台媒介的"二重性"及其范式演进［J］．新闻大学，2021（7）：76-89+122.

［12］席志武，李辉．平台化社会重建公共价值的可能与可为——兼评《平台社会：连接世界中的公共价值》［J］．国际新闻界，2021（6）：165-176.

［13］李良荣，辛艳艳．论互联网平台公司的双重属性［J］．新闻大学，2021（10）：1-15+117.

［14］童兵．百年大党对党媒的引领、规范和关爱——兼记党媒对中国共产党百年成长的贡献［J］．新闻大学，2021（6）：1-10+121.

［15］马凌，刘胜男．中国共产党早期的宣传观念、宣传组织与宣传方法［J］．新闻大学，2021（6）：31-47+122-123.

［16］尹韵公．论马克思、恩格斯新闻思想形成与发展的历史条件和时代背景［J］．新闻大学，2021（6）：11-30+121-122.

[17] 邓绍根，丁丽琼. 中国共产党百年进程中马克思主义新闻观的创新发展 [J]. 新闻大学，2021（6）：48-70+123.

[18] 李莉，杜成会. 办报是党的一种重要工作方式——毛泽东新闻宣传思想学习札记 [J]. 湖北大学学报（哲学社会科学版），2002（1）：20-23.

[19] 龙伟，张辉甜. 办报以建党：五四进步报刊与中国共产党的成立 [J]. 新闻与传播研究，2021（10）：5-19+126.

[20] 黄志辉. "保卫苏维埃！"：《红色中华》经济动员研究黄志辉 [J]. 新闻与传播研究，2021（5）：5-24+126.

[21] 邓绍根. 五四运动后《新青年》转向与中国无产阶级新闻事业诞生的历史再考察 [J]. 新闻与传播研究，2021（6）：5-23+126.

[22] 夏琪，陈力丹. "不忘来时的路"：中国共产党百年历程中的《新莱茵报》编译与研究 [J]. 新闻与传播研究，2021（11）：5-22+126.

[23] 牛天. 赋值的工作：数字灵工平台化工作实践研究 [J]. 中国青年研究，2021（4）：5-13.

[24] 孙萍，邱林川，于海青. 平台作为方法：劳动、技术与传播 [J]. 新闻与传播研究，2021（S1）：8-24+126.

[25] 刘战伟，李嫒嫒，刘蒙之. 平台化、数字灵工与短视频创意劳动者：一项劳动控制研究 [J]. 新闻与传播研究，2021（7）：42-58+127.

[26] 黄贺铂. 他者的透视：MCN 机构与直播平台的想象可供性及反思 [J]. 国际新闻界，2021（12）：77-95.

[27] 张志安，姚尧. 互联网平台劳动的社会影响及研究启示 [J]. 新闻与写作，2020（12）：65-69.

[28] 张志安，刘黎明. 互联网平台数字劳动的合法性话语建构研究 [J]. 新闻与写作，2021（7）：71-79.

[29] 吴鼎铭. 互联网时代的"数字劳工"研究——网络"受众"研究的政治经济学视角 [D]. 武汉：武汉大学，2015.

[30] 丁未. 遭遇"平台"：另类数字劳动与新权力装置 [J]. 新闻与传播研究，2021（10）：20-38+126.

[31] 董晨宇，叶蓁. 做主播：一项关系劳动的数码民族志 [J]. 国际新闻界，2021（12）：6-28.

[32] 吕鹏. 线上情感劳动与情动劳动的相遇：短视频/直播、网络主播与数字劳动 [J]. 国际新闻界，2021（12）：53-76.

[33] 张杰，缪倩玉. "亲密关系"的购买？——接合性情境中网络主播的类社会关系研究 [J]. 国际新闻界，2021（12）：29-52.

[34] 董天策，杨龙梦珏. 健康风险认知中的"女孩疫苗"话语——基于对知乎 HPV 疫苗话题讨论的幻想主题分析 [J]. 现代传播（中国传媒大学学报），2021（10）：39-45+52.

[35] 喻国明，陈雪娇. 新传播生态格局下中国居民的媒介使用、健康认知与行为

意愿——基于新冠疫苗接种的健康传播模型的构建［J］. 新闻与写作，2021（11）：67-76.

　　［36］李龙飞，张国良. 新冠肺炎疫情中媒介信息特征对信息分享意愿的影响及作用机制研究［J］. 新闻大学，2021（4）：83-101+122.

　　［37］周书环，杨潇坤. 新冠肺炎疫情下社交媒体情绪传播及其影响研究——基于新浪微博文本数据的实证分析［J］. 新闻大学，2021（8）：92-106+120-121.

　　［38］冉华，耿书培. 远虑的冒险家：一项关于健康信息框架对女性 HPV 疫苗接种态度和意愿影响的随机实验［J］. 新闻大学，2021（2）：85-102+124-125.

　　［39］任囿，朱晓文，胡怡. 风险感知与防疫行为：新冠疫情背景下社交媒体与权威媒体的多元作用对比［J］. 国际新闻界，2021（5）：23-42.

　　［40］郭建斌，王亮. "家"作为一种传播研究视角——基于"独乡"20 年田野资料的讨论［J］. 新闻与传播研究，2021（11）：49-68+127.

　　［41］郭建斌，王丽娜. 由"路"及"道"：中国传播研究的一种新的可能［J］. 国际新闻界，2021（11）：23-43.

　　［42］邵华冬，陈凌云. 中国传统文化跨文化传播的关系构建转向——以中医药"一带一路"传播为例［J］. 现代传播（中国传媒大学学报），2021（4）：23-27.

　　［43］喻国明. 未来媒介的进化逻辑："人的连接"的迭代、重组与升维——从"场景时代"到"元宇宙"再到"心世界"的未来［J］. 新闻界，2021（10）：54-60.

　　［44］翟晨肖. 媒介物质性视角下"大喇叭"的乡村抗疫传播实践研究［D］. 北京：中央民族大学，2021.

　　［45］胡翼青，陈洁雯. 媒介化视角下的少儿游戏：基于媒介物质性的考察［J］. 南京社会科学，2021（11）：113-122.

前沿话题

元宇宙视域下的社会交往：
基本模式与演进逻辑

——基于媒介和社会协同演化的视角

喻国明　张恩雨*

摘　要：元宇宙作为未来媒介的集成模式和生存图景，极大地拓展了人的生存维度、感官维度和实践的自由度，将推动社会交往在生态级意义上的变革。元宇宙背景下的社会交往将实现前所未有的广泛和深入，成为推动社会变革的重要力量。本研究基于媒介和社会协同演化的历史视角，从形态逻辑、连接逻辑和扩张逻辑三个层面分析了社会交往的基本模式与演进逻辑，并对传统社会交往理念的重塑做出新的思考和判断，从多个维度勾勒出元宇宙发展背景下的社交图谱，以期为人们认识和理解未来社会交往的演进方向，以及操作未来社会交往实践提供借鉴。

关键词：元宇宙；社会交往；演进逻辑；协同演化

Social Interaction in the Metaverse Perspective：
Basic Patterns and Evolutionary Logic

—Based on the perspective of media and social co-evolution

Guoming Yu；*Enyu Zhang*

[**Abstract**] The metaverse, as the integrated mode and survival picture of

---

* 喻国明，北京师范大学新闻传播学院教授、学术委员会主任，北京师范大学传播创新与未来媒体实验平台主任；张恩雨，北京师范大学传播创新与未来媒体实验平台研究助理。

the future media, greatly expands the human survival and sensory dimensions and will drive a new change in the ecology of social interaction. Social interactions in the metaverse era will achieve unprecedented breadth and depth, and become an important force for social change. This study analyzes the evolutionary logic of social interaction from three levels: morphological logic, connection logic and expansion logic based on the perspective of media and social co-evolution, and makes thoughts and judgments on the reshaping of traditional social interaction concepts, outlining the social mapping of the metaverse era from multiple dimensions, with the aim of providing inspiration for people to recognize and understand the evolutionary direction of social interaction in the metaverse era and the future practice of interaction into the metaverse. The aim is to provide inspiration for people to recognize and understand the evolution of social interaction in the metaverse and the future practice of interaction in the metaverse.

[**Keywords**] Metaverse; Social Interaction; Evolution Logic; Collaborative Evolution

　　随着社会媒介化进程不断加快，数字媒介正全方位嵌入人类社会并推动社会资源要素重组，元宇宙作为深度媒介化的终极形态，已经成为未来人类社会发展的目标模式。当下，人们的社交日益从线下转为线上，元宇宙时代距离人类越来越近，带来了社会形态的整体变化。元宇宙作为虚拟与现实相融合的生存环境，是一种新的社会形态。新的社会形态必然带来新的与之相对应的社会关系、社会实践与社会秩序等多重变革。[1]基于社会关系的社会交往将面临新的转向，社会生态也将被重构，所有这些要求我们回到历史视野，回到媒介、社会和交往行为演进中去审视和发现其中的内在机制及其改良乃至革命的迭代模式。

　　古希腊哲学家亚里士多德曾在《政治学》中提到："离群索居者，不是野兽，便是神灵。"这句话指出了人类作为群居性动物的本性，也暗示了人类离不开社会交往的事实。从当下回望历史，从莎草纸到互联网，人类的进化史就是社交的发展史，社交存在的价值几乎比肩于衣食住行，也助力人类成为居于食物链顶端的高级动物。社交作为一种社会属性，以信息为载体，实现了对分散在社会上的作为个体的人与人之间的连接，使其成为社会组织实质上的组成元素。社交的出现一方面形成、维护和拓展着人际关系，另一方面也推动着政治、经济和社会的发展。

马克思根据人类社会生产力的发展水平，将人类交往过程划分为三个阶段，包括自然发生的人的依赖关系阶段、以物的依赖性为基础的人的独立性阶段、人的自由和全面发展阶段。[2]说明了人类交往是从对人的依赖到对物（媒介）的依赖，再到从对人的依赖和对物的依赖中脱离出来的自由交往阶段。而这与媒介和社会的协同演进逻辑相契合。纵观人类交往历史，从口语传播时代到元宇宙时代的社会交往演进规律大致可以从三个逻辑来进行分析，分别是形态逻辑、连接逻辑和扩张逻辑。

一　形态逻辑：媒介演进下的身体社交形态变革

回望历史，从媒介演进视角下看社会交往的身体形态，人类的社会交往大致可以分为以下四个形态。

（一）无中介的现实具身交往形态：“面对面”的社会交往

这一阶段的人类交往最为原始和直接，多受限于自然地理条件，社会生产力水平较为低下，媒介的中介作用尚未被充分发掘和体验，人类的社会实践半径相对较小，虽有“结绳记事”、烟火、岩画等作为中介传播信息，但从大的范围上来说还只是局限在身体可以触达的范围内进行无中介的“具身交往”或者“亲身交往”，形成以地缘关系为主的邻里社交，以口语传播为主。在此形态下，实践主体在互动人数、互动场景、互动空间和互动时间等方面都受限，每个个体都拥有属于自己的有限的熟人“角色谱”，在有限的地理空间中，由血缘关系连接的社交关系最为亲密、人际互动最为频繁、信息传播最为丰富，而以兴趣为纽带的趣缘社交只作为补充而存在。[3]“面对面”的具身交往意味着个体间的信息识别和细节捕捉能力最大化，除了言语的表现，表情动作、眼神目光、味觉触觉等非语言信息也起到重要作用。[4]“面对面”的现实具身交往形态虽然受限较多，但却是“亲密社交”、“强关系”连接和人际互动性的最大程度的体现。

（二）媒介作为中介的现实交往形态：“离身”特征日益凸显

前互联网时代，文字的产生真正意义上标志着发挥信息承载及记录作用的媒介开始作为中介嵌入社会交往，飞鸽传书、驿传等突破了地理空间的限制，使远程交往成为可能。随着传播媒介的不断发展，报纸、广播和电视等大众传播媒介的兴起，改变了传统的社会交流和互动方式，媒介被视为"对人的身体的延伸"，[5]延伸了人类身体的触达范围和沟通边界，增强了个人和群体间的社会联系，实现了社会交往跨空间、跨场域的意义共联和互嵌。媒介化交往成为现代社会的一种文化惯习，人类越来越依赖技术媒介与世界发生关系。与此同时，随着人类传播和交往的社会性不断增强，人际传播的"离身性"特征日益凸显，身体所携带的非语言社交线索的传播也更为分散。[6]随着具身"社交性"的弱化，社会交往更接近一种"想象的交往"，公众之间更多的是一种基于媒介的精神和情感连接。但是即使在交往空间和时间上获得了一定程度的拓展延伸，其本质上也是一种"强关系"社交，即借助人与物的关系实现远距离社交。在这个形态下，媒介不仅仅是一种中性的、工具性的存在，它已经成为连接人类与世界的桥梁，甚至成为人们生活的底色。[7]这一阶段，人的主体性地位受到媒介技术的挑战，导致身体的显露与灵魂的消逝，人的主体性开始凋敝。

（三）媒介作为中介的虚拟现实交往形态："具身"与"离身"的日益融合

互联网诞生以后，人与人开始隔着屏幕交流，以互联网为中介的"人—机—人"交往模式成为主流，"地球村"得以形成。依靠互联网平台建立的信息基础设施深刻嵌入用户日常生活并搭建数字生活场域，提供了虚拟交往方式和交往空间，主体意志与情感在虚拟世界中得以展现和进行符号化互动。与实际交往相比，在虚拟交往中，交往双方的思想和意识的虚拟延伸构成了交往时空的活动内容。[8]同时，人们的交往从"面对面"互动模式变为"节点对节点"或"终端对终端"模式，交往的场景全面交织融合，形成全新的复合重组（remixing）的交往空间。[9]在交往主体方面，非人类交往主体以"他者"姿态具身参与，[6]社交机器人和虚拟数字人参与社交互动；在交往方式方面，受技术条件的限制，比如网络宽带的速率不稳定、VR 设备的穿戴不便与容易晕眩等，此时人们的交往尚无法实现虚拟现实间的全时空自由穿梭，身体缺席与身体在场成为人们可支配的选择项；在关系连接方面，借助互联网的微连接，社会交往中的微价值、微资源得以聚合，人们得以实现与素未谋面的陌生人之间的互动，但受限于互联网带来的信息过载和社交"超载"，许多交往主体间或者只是有过一次评论互动，或者只是简单地为对方点关注、点赞等，更多的是基于"弱关系"的交往实践，社会成员之间进行社会交往的深度价值挖掘度不够。这种基于互联网发展初期的虚拟交往形态，以及由此开启的数字交往，可被视为元宇宙交往形态演进的初始逻辑。这一阶段，人类在技术媒介面前表现出仅有使用权而无控制权的趋势。

（四）"人即中介"的无界交往形态：传统近距离社交的"重返"与自由交往的升维

当前，新传播技术正在根本性地重构人类社会，整个社会开始从"媒介化"转向"深度媒介化"。[10]元宇宙作为"下一代互联网"的代名词，是集互联网全要素的现在和未来全部数字技术于一体的终极数字媒介，它将实现现实世界和虚拟世界连接革命，进而成为超越现实世界的、更高维度的新型世界。[11]元宇宙实现了在虚拟世界对人类生存场景的全方位搭建，克服了时间和空间的物理局限，通过各种数字技术的融合重新定义人与人之间的社会关系和社会交往，人们的线下社会关系将进一步向线上迁移，在开放式的框架与协议内拥有更充分的自由度。用户不仅可以通过开放式的底层设定进行元宇宙空间的多元共创、共治与共享，还可以利用"代理"机制对"虚拟化身"进行控制与影响。基于此，"自由交往"的雏形开始形成。[12]同时，进一步对微粒化分布的个体进行重新组织，呈现明显"分散中心化"的趋势，在某种程度上进一步瓦解了以强关系为主导的社会结构，进一步释放了自由交往的可能性。元宇宙时代，身体不仅仅是生物学意义上的定义，技术也不仅仅是游离于身体之外的工具，身体与技术实现全方位融合，实现技术对身体的内嵌与延伸，人类的身份也将由"实体人"转向"电子人"，且有可能在元宇宙时代模拟出人类的五官感受，极大地增强体验感和沉浸感。这同时意味着人的活动半径无限扩大，人对自己身体的掌控实现最大化，可触达、可延展、可编辑成为触手可及的常态，人类可以随时随地随意穿梭于虚拟现实或任意数字化场景，为自己无限赋能以及获取强大的容错和再造机制。此外，传播权力向个人的回归也赋权微粒个体，让其可以通过开放、协同的参与方式进行社会交往，人成为未来一切实践的根本服务对象，人的身体在社会交往中的主体性得到极大提升，兼具了口语传播时代的面对面社交与数字媒介时代突破时空限制的高效传播的优势，打破了笛卡尔意义上的物质实体和心灵实体的二元空间界限，在整合了身体感官的同时，进一步弥合了媒介功能的裂隙。从某种意义上来说，这是对传统近距离社交的"重返"或"回归"，但又相对拥有更高的交往自由度。

二 连接逻辑：基于数字化社会交往的开放连接与社会资源要素的"再组织"

（一）从"物理连接"到"生理连接"再到"心理连接"：社会交往自由度的纵向发展和横向扩张

媒介的本质即"中介或连接"，社会要素、社会事物之间的关联整合本身就是媒介的"元功能"，因此，它在以"聚变—连接"为特征的数字文明时代中扮演着极其重要的角色。人借助媒介的演进而获得其社会性、连接性的版图，在时空维度上的不断打破、在连接层次上的不断深化及连接的颗粒度不断细化的过程。[13] 从"游离与区隔"到"拓展与延伸"再到"内嵌与融合"，媒介是人从身体到意识的不断延伸与进化。

约翰·穆勒在《论自由》中认为人的自由是对于限制的突破。[14] 元宇宙的出现使用户之间的交往完全摆脱了物理空间和时间的限制，提供了用户脱离现阶段触媒的物理接触点，创建了一个高包容度、高虚拟度、高可塑性、无远弗届的"全真虚拟世界"，摆脱了哈罗德·伊尼斯意义上的媒介时间偏向和空间偏向局限，人们可以自由设定元宇宙中的季节时间和昼夜时间，也可以短时间内出现在任何想去的场景空间内，实现在平行宇宙的穿梭和多重时间的游走。[15] 人们也不再只是依靠手机、电脑等中介进行交流，而是直接通过打造"数字分身"的形式对自己的身体进行数字化改造，实现"身体即媒介"，以经过重构的数字分身身份与他者进行社会交往与协作，这种以数字身份重回"面对面"社交的状态将再次发掘人们的社交潜能，创造新的社交话语体系，激发和提升身体非语言传播机能，为用户打造全新的社交生活体验。此外，目前脑机接口技术（Brain Computer Interface）已经可以帮助恢复视力、听力，合成语音，治疗强迫症等疾病，以及帮助人对抗各种成瘾问题。[16] 可以想象，未来随着认知神经科学、生物学、计算机科学的发展和脑机接口技术的成熟，用户意识和心理层面的效能将有机会在元宇宙世界得以展现和释放，通过在人脑中植入芯片，构建"超级智能皮层"，再利用大脑皮层中的电流中断来触发计算机算法和数据采集行为来实现用户对元宇宙世界可操控要素的"意念控制"，社会交往也将实现人与人之间的"心理连接"，"心有灵犀一点通"或将在元宇宙构建的全真世界中成为现实。

从"物理连接"到"生理连接"再到"心理连接"，展现了社会交往自由度的极大提升。在纵向发展方面，媒介技术通过对"物质个体"的中介化来拓展人类的自由度，人类的物质身体得以一步步延伸和中介化，媒介不断为人类的社会交往提供物理世界和心理世界的联结，实现"我与超我"的对话。在横向扩张方面，元宇宙作为未来媒介，通过对社会关系的"再组织"扩张社会交往的活动半径，传播权力向个人的回归也赋权微粒个体，实现了更广泛的人与人、人与空间场景的横向连接，让用户可以通过开放、协同的参与方式进行社会交往。

（二）从"人的连接"到"人机连接"再到"数字主体连接"：社会交往主体的拓展与变革

在传统社交认知中，人与人是社会交往的主体，人际交往是人类专属的概念已经成为社会共识。然而，随着人类越来越接近元宇宙时代，技术逻辑与生物逻辑互嵌，交往主体的边界也发生重构，不仅实现了人与人的连接，还实现了人与机器的连接以及虚拟世界和现实世界的连接，衍生出脱离生物身体的非人类交往主体，越来越多的社交机器人与虚拟数字人融入我们的社交圈。[6]根据保罗·莱文森的人性化趋势理论，技术传播媒介的发展倾向于更多地复制真实世界中人性化的传播环境，模仿甚至是复制人体的某些功能、感知模式和认知模式。[17]

随着人工智能和算法技术的不断发展，"元宇宙"技术架构带来的"超现实"与"强连接"将消弭个体与媒介的区隔，为数字化人体赋权。元宇宙世界中将会有越来越多的高智能度、高人性化的"虚拟数字人"出现。而随着人类身体的数字化改造，人类与机器人在行为表现上的差别程度不断降低，尤其是在元宇宙中，人与机器的界限将进一步模糊，社会交往的主体定义将迎来拓展与变革，未来的人与机器以及一切可能有主体性特征的个体如 NPC（non-player character，非玩家角色），将都同属于"数字主体"，他们也都可以被看作"数字交往人"。与此同时，交往主体之间不再是实际的人与人之间的关系，而是符号化的数字主体在元宇宙世界中"点对点"的对应关系。[8]数字主体间的互动虽仍然建立在对互相的身份信息认同的基础上，但这种身份信息和身份特征可能存在多重化，即在不同的场景使用不同的身份进行社交，而且很可能出现"普罗透斯效应"，[18]即当在虚拟环境中被赋予预期的角色特点时，个体往往表现出遵从这些预期特点的态度和行为。当习惯了穿梭在不同的身份间进行社交后，用户将可能拥有多重的数字化人格。

（三）从"介质连接"到"平台连接"再到"生态连接"：社会交往场域与生态的不断完善

从媒介演进视角来看，连通人与人进行社会交往的介质经历了口语、文字、印刷、电子的形式转变，物理介质在人类历史和人类交往中扮演了代替人类感知和连通外部世界的中介角色，成为人类感官和身体的延伸，为人类认识和改造世界提供了重要动力。但与此同时，物理介质会难以避免地受到时空因素的限制，存在一定的媒介偏向性。保罗·莱文森的补偿性媒介理论指出，每一种媒介都是对前一种媒介的革新，这种进步与革新都补偿了其原先的不足，媒介进化的过程是受众选择的结果，功能性较弱的旧媒介不一定完全被抛弃，但更能满足人类社交需求的新媒介的使用率将会远远超过旧媒介。到了互联网时代，以在线平台为连接基础的社会化媒体大大减少了物理介质对于信息传播的影响，人们的社会交往也都转向在线平台，实现了人与人之间从信息互联到价值互联的转变。[19]这一时期的社交媒体平台降低了信息传播和社交准入门槛，丰富了信息交往形式，提高了交往的便捷性和交流效率，实现了对物理介质缺陷的补偿。而平台连接虽然创建了互联网虚拟空间，在一定程度上解决了社交场域的问题，但仍旧存在将人类感官分割、在线终端携带场景不全面、交往主体身体的"离身性"属性强化等诸多不足，社会交往仍无法达到真正"不设限制的自由交往"的状态，人与人、人与机器等的交往自由度和交往潜能尚未被开发，社交生态并不完善。

元宇宙正是对互联网平台感官割裂和自由度不足状况的补偿和增益。元宇宙实现了对现实世界的"全真建构"，场景化社交价值凸显，数字世界真正成为广义社会的一部分，填补了现实世界和虚拟世界的缝隙，人类得以全感官沉浸式地参与社会交往。在元宇宙中，人与人、人与物甚至人与时空之间的连接在广度和深度上都得到前所未有的增强，"扁平化结构"和"分布式格局"成为社会关系网络的重要特点，主体的交互也变得更为立体，向多维化发展，由此形成相对完善的元宇宙社交生态。元宇宙社交生态关系如图1所示。

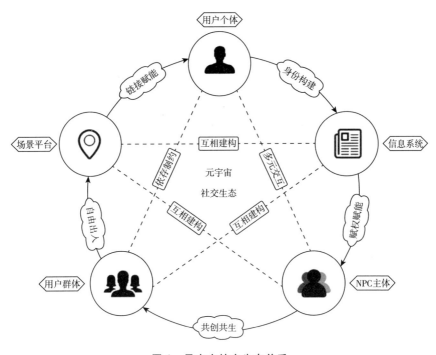

图 1 元宇宙社交生态关系

三 扩张逻辑：社会交往体验、自由边界和平台监控权力的扩张与升级

（一）从"数字孪生"到"虚拟原生"再到"虚实融生"：社会交往边界的不断重构与升级

元宇宙从概念到真正落地绝非一蹴而就。根据清华大学新闻传播学院新媒体研究中心发布的《2020—2021年元宇宙发展研究报告》，元宇宙的发展需要经过"三段论"，即从"数字孪生"阶段到"虚拟原生"阶段再

到"虚实融生"阶段，[20]最后将无限接近现实与虚拟的"合二为一"。与之对应的，社会交往的边界也将随之不断重构与升级。

元宇宙构建过程"三段论"包括数字孪生阶段、虚拟原生阶段、虚实融生阶段（见图 2）。

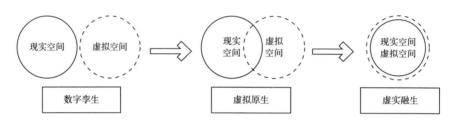

图 2　元宇宙构建过程"三段论"[21]

数字孪生（Digital twin）阶段，以数据和模型为核心，实现对现实世界的动态复刻，即现实世界在虚拟世界的完全镜像化，在虚拟空间建立全要素的拟真动态孪生体。由此可见，数字孪生阶段提供的其实是入口和连接虚拟与现实沟通的桥梁，社交入口也需要完成数字分身的自由创建与运营模式的创新。这一阶段最接近我们当下的实际情况，但目前主流企业和机构尚未完成数字孪生的过程，仅仅只是发行了 NFT（非同质化代币）或自建了虚拟社交平台。在数字孪生阶段，数字孪生带来个体身份、交往和全生命链条在虚拟空间的延伸，人与人之间可以通过数字分身进行社会交往，不受地理空间的限制，社会交往的物理边界被极大缩短。

虚拟原生（Automatic generation and operation of virtual elements）阶段，与数字孪生阶段相比，进一步打破现实的束缚，虚拟世界里的要素可以自动生成与运作，实现时空维度的拓展，改变现实时间流转，增强时间延展性以及创造独特的空间体验，提供用户自己构建的多维的超越认知的元宇宙，解放人类想象力。在这一阶段，人们可以借助数字分身自由地与纯粹的虚拟数字人进行互动交流，人们的社会交往主体边界和内容边界都将被极大拓展。

虚实融生（Fusion of virtual and reality）阶段，则打通元宇宙与现实社会，从微观角度来看，虚拟幻象同化于现实本体，二者相互融合，虚拟幻象的拟真程度无限趋近于现实本体；从宏观角度来看，元宇宙和现实社会实现相互交融和转化，元宇宙依托现实世界实现数据建设，现实世界也能被元宇宙中的游戏、社交、经济等元素渗透，两者实现深度融合。在这一阶段，数字主体的意识心理层面被媒介介入并深度融合，元宇宙作为高维媒介已经超出原有的承载、传播以及连接的功能，开始参与改变人的情绪认知、内隐态度以及行为决策，不同个体在元宇宙世界共建共享公治，建立起相对于现实世界更多元、更亲密的社交关系，建立在体验通道上的共情机制成为元宇宙时代数字智能体进行社会交往的主要推动力，主体的沉浸感体验也将升级至心理认同层次，带来交往主体感知边界的扩张。基于意识的交流互动成为可能，带来个体控制感的强化与主体性的进一步回归，社会交往的心理边界被缩短。

（二）从"视听认知"到"局部感知"再到"全方位沉浸"：社会交往体验的迭代与非理性化趋势

马斯洛的需求层次理论指出，社交需求是人类的基础需求，是实现认知扩充、自我发展、生理愉悦和归属寻求的重要途径。早期的社会交往体验聚焦在视觉和听觉两大模块，眼睛和耳朵是主要的传播受体，社交方式也是以肢体语言、口语、文字为基础的线下社交，并随着互联网的发展，转向以糅合了文字、视频、音频的互联网社交平台为基础的线上社交。在以 VR、AR、MR 为代表的虚拟现实技术尚未成形之前，人们的社会交往体验基本停留在"视听时代"，多感官联合刺激模式尚未被打通，社会交往更多以平面的图像和音视频等二维方式展开，信息表达与交流也主要通过视听认知转化与加工来实现，尚未触及三维的多感官的立体化感知模式，这一阶段可以称为社会交往的"视听认知时代"，这一时期伴随认知思考产生的理性思维居于上风。

随着虚拟现实技术的进步，媒介再次实现了对人体的部分延伸。就VR 体验来说，先进的触觉呈现技术已经存在，如 Axon VR 公司打造了一款通过触觉和力觉反馈外骨骼的原型机，可以通过振动致动器和电脉冲对皮肤和神经末梢进行刺激，让人感觉到触感十分真实；味觉和嗅觉也加入了数字化行列，洛杉矶公司 Kokiri Lab 推出的 Project Nourished 项目，已经设计出基于芳香扩散器、骨传导传感器、陀螺仪、虚拟鸡尾酒杯以及 3D 打印食物等技术上的未来虚拟餐饮，让人们品尝虚拟美食的同时还不用担心发胖。[22]但限于当下技术尚未足够成熟，多感官通道体验还无法真正发挥价值，用户的体验感还相对粗糙，这些体验转变只能推动社交体验进入

"半沉浸化"时代。而未来元宇宙时代的到来，预示着高保真全场景体验和多感官一体化沉浸式体验得以真正实现，用户身临其境地去参与社交，即便是身处虚拟世界，也会产生强烈的真实情感和切身的体验感。此外，社交理解与表达由对信息的传播进化到了对环境的感知阶段，社交对象已经被归为环境的一部分，再造的感知是对人在真实环境中感知的一种模仿和回归，[23]人们的社交真正从"视听认知时代"转向"沉浸体验时代"。与此同时，伴随着越来越深的媒介依赖程度而来的是人们逐渐沦为被动接受和缺乏思考的"信息动物"，"意味着传统神圣物的退场，自我崇拜成为每个个体内心的新神圣物"[24]主体性增强和注重自我体验与感受的社交习惯将导致社会交往中的理性日渐式微，"心流体验"[25]（Flow experience）即个体完全被当下的事情吸引，愉悦心情且脱离外在时间而感觉时间过得很快的状态在社会交往中日益显著，记忆趋于短程化和思维趋于浅化，情感和体验占据上风，深度交往缺失，形成基于感性的社交圈层，圈层极化现象更加凸显，需要通过多方协作来为非理性社会交往问题进行"把关"和"引导"。

（三）从"形塑现实"到"浸润虚拟"：平台和资本权力在社交领域的延伸与扩张

在互联网出现之前，资本主义已经有数百年的发展历史，资本逻辑已经渗透到现实生活的方方面面，在利益的驱逐下，资本在扩张过程中必将最大限度地将客观世界"资本化"，而形成一种"客观物质力量及其遵循的矛盾发展规律"。[26]如此，在一个依靠功利主义原则组织起来的"技术—资本"关系高度紧密的社会中，将没有任何个人的权利得到稳定的保障。一方面，社会交往主体间的人际关系受到社会资本驱动的影响；另一方面，社会交往行为受到资本的监视甚至操纵，如英国哲学家杰里米·边沁设计的"环形监狱"和法国哲学家米歇尔·福柯提出的"全景监狱"，"资本权力—技术"统治模式模糊了私人空间与公共空间的界限，实现了对交往主体的全面的无时无刻的监视和规训。

进入互联网时代，社交平台用户对社交需求维度的不断升级，包含用户的个人属性的数据标签日益复杂化，数据的价值将进一步被放大，而此时以平台为基础的商业模式成为新形态，"监视资本主义"与"平台资本主义"画上等号，它们的控制权不是源于直接的所有权占有，而是通过平台的数据和算法构造平台参与者的行为规则和参数，由此对市场施加更深层次的控制。

元宇宙时代，基于场景的社交行为受到场景搭建者即社交平台的影响和制约，海量的用户交往行为数据既有助于社交平台更好地服务用户社交，为用户带来更为愉悦的社交体验，但同时也意味着用户对平台依赖性增加以及议价权的削弱，开拓了资本剥削的新场域，助力社交平台在资本产业链中占据有利地位，继而推动平台控制技术升级迭代。可以说，资本逻辑主导了元宇宙创生、成形、完善的全过程，以技术为增殖工具、以市场为剥削场域、以政治权力为扩张趋势，形成了数字资本在元宇宙中稳定的运行机理，[27]互联网平台巨头将试图把形塑现实世界的权力转移到元宇宙虚拟世界，参与"协议"制定，实现资本和权力的继承，继续对社会运行施加影响，即使区块链技术带来"去中心化"的作用有助于数字资产的个人确权，但势力既得者的"圈地"机会仍远远大于普通人，在对分配结果的垄断、未来市场的操控和社会数据的利用方面具有巨大优势，人们看似更加自由的社会交往实际上仍受到平台"无形"的控制和影响。

四 革故鼎新：元宇宙框架下传统社会交往理念的革命性重构

（一）契约与共生：义利兼顾的共益性契约和共建共治的社会本位理念

元宇宙作为未来生存图景，旨在建立一个"去中心化"的"全真虚拟空间"。在元宇宙社会运作的过程中，参与控制的力量主要有两股，分别是外在控制力量和内在控制力量。外在控制力量依赖政府、法律等防止行为越轨；内在控制力量表现在成员依据社会运行合约规则进行自我规范和自我控制。不同于以往的以外部约束为主，元宇宙社会控制的主导力量将转向建立在共益性契约基础上的内在控制，交换正义取代分配正义，义利兼顾将成为元宇宙成员的主要社会交往目标。元宇宙成员之间实际上是基于独立、自主与平等的"契约关系"。这种共生共利共建共治性质的契约基于区块链技术"去中心化"的本质特征：通过分布式核算和存储的方式进行管理，去除中心化管制，所有节点都具有平等的权利和义务，能够实现信息的自我验证、传递和管理。这意味着用户自己创建的东西是能够归属给自己的，权利与义务都分配给了所有参与元宇宙的用户，元宇宙里的内容是用全网的节点来共同保存和维护的，新的组织管理范式被激活，共建共治的目标得以实现。[28]

尤尔根·哈贝马斯在《交往行为理论》中将人的行为分为四种类型：目的性行为、规范性行为、戏剧性行为和交往行动。[29]其中以相互理解、达成共识为核心的"交往行为"这一类型本质上最为合理。在元宇宙社会，交往和互动仍是其中的核心。在牛津通识读本《哈贝马斯》中有句名言："首要充分解释社会，就必须把交往行为概念放在首位，成功的行为取决于达成共识的能力。"[30]而元宇宙带来的义利兼顾的共益性契约和共建共治的社会本位理念无疑将极大提升社会交往行为"达成共识"的能力。如此，基于"互利共生"契约下的元宇宙社会交往将带来新型的社会交往关系和社会交往理念，也意味着社会交往中个人主义的弱化和共享主义的崛起。

（二）趣缘与共情：基于兴趣图谱的趣缘社交和基于场景体验的情感共振

元宇宙"全真数字空间"实现了对传统社交的颠覆，全息数字形态的交流打破了屏幕的阻隔，将社交关系延展到更自由、更广阔的世界。相比于地缘社交时代和微信主导的"熟人社会"交往时代，在元宇宙时代，随着"去组织化"进程中传统社会结构限制的弱化，科层制社会将转化为微粒化社会，社会中的微资源、微个体、微关系被广泛连接，个体的线下社交关系被削弱，对线上的社交依赖性增强，个体之间的信任机制将被重建，多维时空和多人机协同，各类社交关系将更加复杂，由弱关系连接的"陌生人社会"扩大化、由强关系连接的"熟人社会"收缩化，人际关系和人机关系走向可延展、可补偿、可触达的多维体验模式。元宇宙社交也将基于用户既有的现实社会关系和用户兴趣圈层的拓展，帮助用户建立平行世界网络社交，从而实现更"理想的社交"和更高级的社交自由。

同时，"场景"和"体验"也是元宇宙社交的关键要素，用户和场景之间是双向互构的关系，元宇宙用户可以参与场景编织，社交场景得到丰富的同时也将进一步促进用户社交体验感的升级，基于场景化的趣缘社交将成为元宇宙社交的主流模式。未来学家约翰·奈斯比特曾提出一个著名的论点：“高技术必然会引起高情感，高情感又必然会引起人们对相聚在一起的需要。”随着虚拟现实技术的升级，元宇宙给用户提供更沉浸、更实时、更同步的社交体验，而交往中身体的“在场”也将成为常态。进入元宇宙世界的用户多为互联网原住民，他们具有更注重虚拟世界里的自我感受和更喜欢表达展示自我的特点，对趣味性和多样性感受的要求较高，有助于形成新型社交理念，建立不同于以往的新型社交关系。“体验时代”的到来使情绪和表层感知成为个体认知和表达的主要动力来源，交往中的“共情”能力将被极大重视，正如哲学家安伯托·艾柯所说的，“为了不坠入默默无闻的黑洞和被人淡忘的漩涡，人们不惜一切代价，拼命展示自己”。能否在场景中和交往对象产生情感共振成为新的社会交往法则，即使这种行为是非理性的。与此同时，需要注意的是，鉴于时空场景具有稀缺性，[20]随着元宇宙社交世界场景搭建的不断完善，进入不同社交场景的“门票”将具有社交圈层的价值，公平社交理念或将再次被新的阶级分化问题所影响。

（三）开放与自由：自由度高度扩张之下的个性化基因和开放共享思维

元宇宙世界基于相对有限的约束而大幅提升了时空利用率，带来了超高的自由度。而这种由元宇宙特性带来的自由度将由内部的个体来支撑，通过对个体的赋权赋能和个体进行社会交往活动所拥有的自由度来展现，这就体现出用户在元宇宙可以构建超时空的社交体系、拥有低延时的可触达自由、自由穿梭于虚拟现实之间、自由选择社交场景、自由体验“在场感”、自由切换身份形态、自由和多元类型的数字主体进行交互、自由表达、自由创作和自由交易。马克思认为：“自由是全部精神存在的类本质。”[31]自由度高度扩张之下的元宇宙世界，将对用户的认知和心智产生极大冲击，自由观念将深刻内化到用户的意识心理层面，进而外化到交往行为层面，比如社交中对个性化的高度追求，在满足自己个性需求的同时也能为交往对象带来独特感受。号称“元宇宙第一股”的游戏平台 Roblox 就拥有丰富的 Avatar（化身）商店，用户甚至可以自己创造道具来彰显个性。但同时，要注意物极必反，当个性的需求充斥整个元宇宙社会时，或将导致某种意义上的“个性的消失”和“群体自我意识的趋同”，“做自己”也可能是“扮演别人”。

开放性也是元宇宙的重要特点。元宇宙各平台之间在硬件连接、工具、协议、格式、服务等方面具有统一的可互操作性的开放标准，由加密代币提供工具，并由基于区块链开源技术的"去中心化自治组织"（Decentralized Autonomous Organization，DAO）的社区来主导实体管理，形成环环相扣的虚拟世界组成的开放系统，体现了低门槛、高兼容、可复制和自运转的开放特点。共享的根基是开放兼容和开源交流，正是基于元宇宙的开放系统，其根基才得以牢固。一方面，元宇宙不仅会成为用户获得更好的娱乐和体验的地方，也会成为创造价值、实现价值和分享价值的平台。元宇宙为用户在社交空间中打造出"创造者经济"模式，用户之间以平等互利的社交活动为中介进行资源共享，从而实现共赢。另一方面，国际传播和交往行为将模糊国别，文化与习俗将成为反映用户地域身份的要素，[32] 社会交往将处在更加自由包容的环境氛围中，以实现自我价值和"互利"为目的的分享内心真实感受的社交行为更容易实现。此外，在元宇宙的聚合性承载空间中，基于开放系统的万物互联互享成为全球化趋势，这些都将推动用户开放共享思维的培养。

五　结语

元宇宙作为未来媒体的集成模式，带来了包括以人对自然的改造关系为主的物质交往和以人与人的交际关系为主的精神交往的深刻变革。元宇宙社交改变了传统的交往模式、拓展了交往空间、重构了人类社会交往的思想观念和价值体系、推动建立了新型社会关系，赋予交往以新的内涵，丰富了人类的生活实践。社交不仅是元宇宙的重要入口，也是其"命门"所在，从历史视角把握媒介与社会协同演进下的社会交往演进逻辑对人们认识和理解深度媒介化环境下的社会交往规律和未来进入元宇宙后的个体交往行为、群体交往行为和社会整体行为模式等社会交往实践具有启发和参照意义。此外，在元宇宙时代真正到来之前，个体应当提前培养元宇宙社交所需要具备的技术建构思维、数据思维、公关思维、艺术创意思维、知识进化思维、共创共建思维、映射现实的虚拟思维等，因为看似不设限的元宇宙社交其实也会因为用户思维层次的差异而出现社交门槛，思维活跃、应变能力强的个体将在元宇宙社交实践中获益更多。

参考文献

[1] 曾凡贞. 论人类的社会交往与历史发展 [J]. 广西师范大学学报（哲学社会科学版），1998（S2）：186-190.

[2] 项松林. 马克思的社会交往理论与现时代 [J]. 重庆师范大学学报（哲学社会科学版），2003（4）：29-34.

[3] 王敏芝，王军峰. 从"交往在云端"到"生活在元宇宙"：深度媒介化时代的社会交往生态重构 [J]. 传媒观察，2022（7）：20-27.

[4] 宋昭勋. 非言语传播 [M]，上海：复旦大学出版社，2008：6.

[5] 〔加〕马歇尔·麦克卢汉. 理解媒介：论人的延伸 [M]. 何道宽，译. 北京：商务印书馆，2000：33.

[6] 殷乐，高慧敏. 智能传播时代的社会交往：场景、逻辑与文化 [J]. 中国编辑，2021（10）：77-81.

[7] 周文俊. 数字化交往：数字媒介时代社会交往的路径重构与思考 [J]. 城市观察，2022（3）：147-158+164.

[8] 丁祯耿. 论虚拟交往 [J]. 重庆社会科学，2005（3）：37-39.

[9] 王敏芝. 媒介化时代"云交往"的场景重构与伦理新困 [J]. 暨南学报（哲学社会科学版），2021（9）：13-23.

[10] 喻国明，耿晓梦. "深度媒介化"：媒介业的生态格局、价值重心与核心资源 [J]. 新闻与传播研究，2021（12）：76-91+127-128.

[11] 喻国明，耿晓梦. 元宇宙：媒介化社会的未来生态图景 [J]. 新疆师范大学学报（哲学社会科学版），2022（3）：110-118+2.

[12] 喻国明，陈雪娇. 元宇宙视域下传播行为的路径模型与拓展机理 [J]. 新疆师范大学学报（哲学社会科学版），2022（6）：135-145.

[13] 喻国明. 元宇宙是数字文明时代的具象版图 [J]. 新闻论坛，2022（4）：12-14.

[14] 〔英〕约翰·穆勒. 论自由 [M]. 严复，译. 南京：译林出版社，2014.

[15] 王卫池，陈相雨. 虚拟空间的元宇宙转向：现实基础、演化逻辑与风险审视 [J]. 传媒观察，2022（7）：28-34.

[16] 闪电新闻. 让"意念控制"走向现实，脑机接口康复训练系统可"读懂"患者想法 [EB/OL]. 2022-09-02. https：//baijiahao. baidu. com/s？id＝1742847650364924335&wfr＝spider&for＝pc.

[17] 〔美〕保罗·莱文森. 人类历程回放：媒介进化论 [M]. 邬建中，译. 重庆：西南师范大学出版社，2017：5.

[18] Yee, N., Bailenson, J. The Proteus Effect：The Effect of Transformed Self Representation on Behavior [J]. *Human Communication Research*，2007（33）：271-290.

[19] 程明，程阳. 论智能媒体的演进逻辑及未来发展——基于补偿性媒介理论视

角［J］. 现代传播（中国传媒大学学报），2020（9）：1-5.

　　［20］王儒西，向安玲. 2020—2021 年元宇宙发展研究报告［R］. 北京：清华大学新闻传播学院新媒体研究中心，2021-09-16.

　　［21］吴江，曹喆，陈佩，贺超城，柯丹. 元宇宙视域下的用户信息行为：框架与展望［J］. 信息资源管理学报，2022（1）：4-20.

　　［22］孙实. 触觉不算什么，VR 上都能实现味觉和嗅觉了［EB/OL］. 电科技网. 2022-09-21. http：//www. diankeji. com/vr/28120. html.

　　［23］李康跃，王雪梅，闫晓阳. 数字文明：元宇宙中人的虚拟身份认同与媒介化生存［J］. 中国传媒科技，2022（2）：7-9.

　　［24］任保平. 数字经济引领高质量发展的逻辑、机制与路径［J］. 西安财经大学学报，2020（2）：5-9.

　　［25］〔美〕米哈里·契克森米哈赖. 发现心流：日常生活中的最优体验［M］. 陈秀娟，译. 北京：中信出版社，2018：47-54.

　　［26］鲁品越，王珊. 论资本逻辑的基本内涵［J］. 上海财经大学学报，2013（5）：3-9.

　　［27］吴宁，刘金凤. 元宇宙的资本逻辑批判和规制［J］. 北京行政学院学报，2022（4）：9-17.

　　［28］知乎用户 ZxhGio.《元宇宙的原理与机会》第 15 章——区块链让元宇宙实现共创共享共治［EB/OL］. 知乎网. 2022 - 09 - 23. https：//zhuanlan. zhihu. com/p/567578013.

　　［29］〔德〕尤尔根·哈贝马斯. 交往行为理论：第 1 卷［M］. 曹卫东，译. 上海：上海人民出版社，2004：35.

　　［30］〔英〕詹姆斯·戈登·芬利森. 哈贝马斯［M］. 邵志军，译. 南京：译林出版社，2015：48.

　　［31］马克思恩格斯全集：第 1 卷［M］. 北京：人民出版社，1956：67.

　　［32］胡正荣，蒋东旭. 元宇宙国际传播：虚实融合空间中的交往行动［J］. 对外传播，2022（4）：4-7.

从交通信号灯到健康码：
人的移动规训符码的变化

罗雁飞　申由甲[*]

摘　要： 随着新冠病毒感染划入"乙类乙管"，健康码的历史使命也告一段落。这种特定时期的特定存在，具有超越特定时期的传播意义。疫情发生后，健康码表面上像交通信号灯一样，以红、黄、绿三种颜色的信号式符码实现对人的物理移动规训，但在符码具体形式、内容和传播机制方面又异于后者。从交通信号灯到健康码，符码变化背后的深层逻辑是从物理身体到数字身体的演进。数字身体是数字智能技术发展的必然产物，健康码的出现在某种程度上加速了这一演进过程。

关键词： 物理移动；移动规训；交通信号灯；健康码；数字身体

From Traffic Signal Light to Health Code：
the Change of Human Movement Code

Yanfei Luo；*Youjia Shen*

[**Abstract**] With COVID-19 being classified as Class B infectious diseases, the historical mission of health code has come to an end. The specific existence in a specific period has a communication significance that transcends a specific period. During the epidemic, health codes appear to act like traffic lights, use three colors of red, yellow, and green signaling symbols to achieve physical movement training for people, but differ from the latter in terms of the

---

* 罗雁飞，郑州大学新闻与传播学院副教授；申由甲，郑州大学新闻与传播学院硕士生。

specific form, content, and communication mechanism of the codes. From traffic lights to health codes, the deep logic behind the code changes is the evolution from physical body to digital body. Digital body is an inevitable product of the development of digital intelligence technology, and the emergence of health codes has accelerated this evolution process to some extent.

[**Keywords**] Physical Movement; Movement Training; Traffic Light; Health Code; Digital Body

新冠疫情发生后，健康码成为全国范围内人员流动的"电子通行凭证"。健康码标识着持码者是否存在病毒感染与传播风险，是否能够正常进出公共场所开展社会活动，在管理社会成员流动、控制疫情传播扩散方面发挥了关键性作用。健康码的普及充分诠释了媒介在社会发展中的作用，使人与信息之间实现了前所未有的融合，"身体"重返信息传播的研究领域。健康码是数字媒介技术的产物，其特殊性体现在它与个人身体信息相关联，通过虚拟数字空间的数字符码实现了对人的物理移动规训。

健康码有红、黄、绿三种颜色，并以此判定个体是否能够畅通无阻地活动于社会公共空间，这不禁让人联想到城市物理空间中具有相同颜色的交通信号灯。交通信号灯以红、黄、绿三种颜色传递着行人、车辆能否通行的信息，通过对行人和车辆的移动进行科学指挥，从而保障城市交通系统的正常运行以及人的生命安全。交通信号灯充当了规训的物质性媒介，在物理空间规训人的移动。将交通信号灯和健康码置于移动规训符码视域下进行研究，两者既有相似性，又有迥异性。两者都借由红、黄、绿三种颜色作为判断标准，实现对人的物理移动规训。然而，前者属于物理空间的物质实体，不与个人身份信息相关联；后者则属于数字空间的数字媒介，在个人身份信息深度数字化的基础上得以生成。从交通信号灯到健康码，人的移动规训符码在形式、内容、传播机制等方面产生了质的变化，这种变化的意义超越了移动规训领域本身，成为观察未来传播的一个重要窗口。

一　作为物质性媒介的交通信号灯：
物理空间的移动规训

交通信号灯的诞生以城市快速发展和人口快速流动为诱因，其历史最早可追溯至 19 世纪。英国借助工业革命一跃成为世界上最发达的国家，伦敦人口迅速增长，当时的交通工具马车大行其道，道路繁忙、交通拥堵成为伦敦城市管理面临的难题。1868 年，德·哈特设计制作出煤气灯型交通信号灯并率先在伦敦议会大厦前的十字路口安装使用。它需要警察在街上持杆牵拉皮带，皮带的另一端连接控制灯罩，灯罩上放置有红色和绿色两块玻璃，通过牵拉连动灯罩上的玻璃颜色交替，从而向行人、机车和马车释放出停止和行进的信号。后来，这种煤气灯型交通信号灯因一场爆炸事故导致警察丧生而停止使用。电灯的诞生与普及为交通信号灯的革新提供了驱动力量。1914 年，电能源交通信号灯首次在美国克利夫兰市街头出现；1920 年，美国警察波茨用电线和控制板创造出世界上第一组可同时指挥四个方向的红、黄、绿三色交通信号灯，分别表示禁止通行、等待和允许通行。时至今日，世界上大多数国家都基本沿用了波茨所设计的三色交通信号灯，对道路交通实施科学有效的管控。[1]

交通信号灯的媒介属性体现在它对交通指挥信息的传递上。媒介具有双重释义，狭义上的媒介是指能够传递信息或者价值观的中性工具，是一种显现的实存；广义上的媒介是人的多面向延伸，凡能勾连起人与世界之间关系的桥梁、中介物都能称为媒介，"人"本身也是媒介——借助身体感官感知世界，借助肢体开展社会交往。[2]交通信号灯之所以成为媒介，在于它是一种显在的实存方式——伫立在街角路口，通过三色指示灯传递交通信息，指挥人流和车流的移动。红灯象征危险、禁止，告知行人和车辆禁止前进；黄灯代表警告，发出警示信号，表明存有潜在风险，应当提高警觉，降低行进速度或停止行进以确认安全；绿灯提示处于安全状态，可以正常通行。交通信号灯规训人的移动，其实现的基础是社会系统所制定的交通法规以及社会成员共通的意义空间。通过对交通信号灯颜色变换所传递出的信息的正确统一解读，出行者获取移动权限。遵守者可以在道路上完成正常的空间移动，而违反者将会受到相应的惩罚如扣除驾驶证积分、罚款等。交通信号灯作为物理空间中存在的物质实体，扮演了传播交通指挥信息的媒介角色，依托于社会成员所共同认可的社会制度，从而实现了对人的物理移动规训。

二 作为数字媒介的健康码：数字空间的 物理移动规训

健康码是疫情发生后，为有效评估社会成员流动的安全性而诞生的。2020 年，健康码的雏形由杭州市余杭区人民政府和科技企业杭州码全信息科技有限公司研发产生，后来由"阿里巴巴"平台进一步完善，从而推广至全国范围使用。"它是在非常态情形之下由超级网络平台和各级政府以及电信运营商共同完成的一项以数字技术为基础和路径的社会治理尝试"，[3] 主要通过移动智能终端进行个人信息自主申报，结合大数据技术的监控定位和比对分析，最终形成整合评估，以实时动态更新的红、黄、绿三色二维码作为个体的电子健康证明和通行凭证。健康码的赋码标准关联三个维度：时间、空间、人际关系。时间维度是指持码者的出行频次及出行路径的停留时间的长短，空间维度是指持码者精确的居住地和到访地的实时疫情风险等级，人际关系维度是指持码者的密切接触人员的流行病学健康状况。算法和大数据根据这三个维度进行后台对照和量化，从而赋予人们不同颜色的健康码，并随周围社会环境的不同而实时变化。[4]

健康码在技术属性上归属于二维码，是一种数字媒介工具，需要通过移动智能终端上传、扫描和读取数据。城市中星罗棋布的传感器、摄像头、人脸识别装置，以及已成为人们随身携带的移动智能终端——手机，共同收集着人们的生物信息数据、活动轨迹数据、生命特征指标等，最终以数字化的方式汇入广袤的数字世界。政务管理部门通过与风险地区、风险人群进行比对分析，赋予个体不同颜色的健康码，用以区隔存在不同接触风险的人群。[5]

健康码作为数字媒介，向社会传递个人的身份信息和健康状况，它通过与个人身体的强关联，规训人的物理移动。红码代表持码者身体状况为确诊（核酸检测结果为阳性）、疑似或发热，存在传染他人的风险。黄码代表持码者的健康安全性处于"待定"状态（存在密切接触感染者的风险，或隔离期未满），需进一步明确。健康码为红码或黄码的人不可出入公共场所。绿码则代表持码者的核酸检测结果为阴性，暂无传染风险，可以进行自由流动。[6]健康码虽然是虚拟数字空间的技术符号，却通过勾连身体，跨越了虚实边界，得以对现实物理空间中人的物理移动进行规训。

三 从交通信号灯到健康码：
移动规训符码的多维之变

从交通信号灯到健康码，乍看皆为红、黄、绿三种鲜明的色彩符码对人具有移动规训作用，实则背后蕴含着多维变化。

（一）形式之变

交通信号灯作为一种交通媒介和交通语言，其外在形式和存在方式具有物质性。在大街小巷、街角路口，交通信号灯的身影随处可见，它构成了城市交通动脉中的重要节点，汇聚着四面八方的人流和车流，又在瞬时之间实现有序疏散。交通信号灯的闪烁宛如城市跳动的脉搏，人与车的流动则仿佛城市流淌着的鲜活血液。交通信号灯以其在物理空间的现实存在，通过色彩鲜明的三色指示灯变换来管控人的移动。交通信号灯也具有固定性，不随道路使用者的物理移动产生位移，而是通过广泛散布于不同地理位置来发挥作用。在具体结构形式上，交通信号灯有悬臂式、门式、柱式等，但无论是哪种结构形式，它都作为道路基础设施伫立于现实空间。

健康码则以二维码的形式标示着自身的独特属性。健康码是二维码的一种特殊形式，在疫情背景下"从一种普通的媒介工具（二维码）转化为一种在流动性环境中增强对社会主体进行健康认证的工具"。[7]健康码作为数字媒介技术的产物，其存在形式是数字的、虚拟的，它并不对应物理空间中特定的物质实体，而是依据数字空间的逻辑运算生成的数字符码，人们对它的识读也要依靠机器扫描来完成。健康码的特殊性更体现在它与人的物质身体相互依附，如果个体想进入某个场所，不仅需要自身在场，还要出示健康码，健康码所塑造的数字身体成为个人的"电子身份证明"。物理身体和数字身体的同时在场，才能使个体获得移动资格。健康码的数字技术形式与人的物质身体相关联，共同决定了健康码的存在具有流动性。健康码不再像交通信号灯那样固定于某个位置，而是可以出没任何场所，跟随人和移动设备而动，并会根据持有主体的社会活动和交往状况在红、黄、绿三色之间实时动态变换。

（二）内容之变

交通信号灯与健康码作为移动规训符码，可借助索绪尔（Saussure）对语言符号之"能指"与"所指"的界定来具体分析其内容之变。"能指"，通常表现为声音或图像能够引发人们对特定对象事物的概念联想；"所指"，则是指语言所反映的事物的概念或意义。

交通信号灯作用于道路交通环境，是道路交通的基本语言，用于调节人流和车流，保持交通畅通，使道路使用者能够快捷安全地出行。安置在路口的交通信号灯高大醒目，红、黄、绿三种鲜明的色彩，以及人们赋予它们的读音和文字，都是其"能指"。而交通信号灯的不同颜色所传递出的信息意义则是其"所指"，让人联想到行进指令，红灯指示停止、黄灯指示等待、绿灯指示行进。它们既不体现道路管理者的信息，也不传递道路使用者的数据。简单的交通信号灯，无法读取更多信息，因而交通信号灯的"所指"较为单一。

健康码作为移动规训符码，大多作为公共空间的准入限制手段，当然也包含道路交通，在这层意义上，它比交通信号灯的适用范围更广。在"能指"层面，与交通信号灯相似的是都以红、黄、绿三种颜色作为色彩表现。在"所指"层面，两者存在显著不同，健康码拥有更深层的"所指"意义：它关联个人身体信息。如前文所述，个人的身份信息、活动轨迹等都是健康码得以生成的重要因素，健康码蕴含了丰富的个体细节和特征。红、黄、绿三种颜色的背后，是信息化的个体动态存在，通过扫码、亮码，个人向社会公开呈现自己的身份信息和时空经历，从而营造共同的安全交往空间。因此，交通信号灯与健康码虽然都有红、黄、绿三种颜色的"能指"构成，但是在"所指"层面上，后者比前者蕴含更深广的意义空间。

（三）传播机制之变

交通信号灯是通过电子光学信号，以色彩鲜明的红、黄、绿三种颜色的指示灯的切换达到指挥交通的目的。交通信号灯作为物质性的传播媒介，具有单一信息流向的大众传播特点。首先，它的信息流通具有单向性。交通管理者根据交通信号灯所处地理位置的人（车）流量对交通信号灯的跳转时间进行设置和调整，当交通信号灯工作时，道路使用者通过观察色彩变化继而做出行进或停止的行为。其传播模式为：交通信号灯发出信息，道路使用者接收信息并引起行为变化，但两者之间不存在反向信息交流。因为交通信号灯与道路使用者之间不发生人机交互，因而无法采集到后者的个性化信息以实现精准传播，前者无法接收后者的反馈并及时采取应变举措，只能依靠相关管理者对人（车）流量的数据统计粗略地调整指示灯时长。其次，传播场所具有固定性。由于交通信号灯受其物质性和具体地理位置所限，因而无法随道路使用者进行物理移动，它只能在十字路口、丁字路口等交通枢纽处进行指挥。并且它归属于道路管理者，是社会道路交通系统的基础设施，无法被道路使用者私有和携带。最后，交通信号灯的信息传播在传播类型上属于大众传播。一方面，其传播者是组织机构。交通信号灯由城市道路交通部门负责架设和管理，在一定程度上代替交警行使交通指挥职能，可以减少交警的人力投入并提升指挥的科学性和效率。另一方面，其受传者是数量巨大，具有流动性、分散性和匿名性的大众。当人们进入道路受交通信号灯指挥时，其性别、年龄、职业、性格等个性化信息都被抹去，只留下"道路使用者"这一共同的身份标签。交通信号灯针对道路使用者进行社会化传播，其传递的信息被大众共享。

　　相较于交通信号灯，健康码传播充分体现了数字媒介技术的特性，也向人们初步展示了正在浮现的智能精准传播格局。健康码依托数字技术实现了信息双向交互流动的精准传播。首先，健康码的生成有赖于人们通过移动设备自主上传个人信息，并根据大数据定位等技术生成人的数字行动轨迹，以此来赋予个体不同颜色的健康码。而健康码又反向对人的社会活动和场所准入产生制约，并影响人们的风险感知。当周围有人出现红码或黄码时，个体会对自身安全性和风险进行评估，并借助医学检测来判断自身的实时健康状况。红码和黄码持有者也被采取隔离措施，限制社会移动，隔绝在社会公共空间之外，人与健康码互相影响。其次，健康码的信息传播具有流动性。一方面，它搭载数字媒介技术，主要依托智能手机呈现，因此不同于交通信号灯的位置固定性，它可以伴随人和手机的空间移动而在不同地点之间流动，作为个人的"电子身份证明"和通行凭证。另一方面，健康码自身也具有流动性。它会依据个体的出行频次、路径停留时间、居住地、到访地以及社交关系等因素进行不同颜色的赋码，随着人的物理移动而实时动态变化，在不同的流动性场景中实现自由切换。健康码如同人的身体构件，与人如影随形，在不断流动变换的场所之间进行流动传播。最后，健康码淋漓尽致地诠释了精准传播的内涵。健康码"一人一码"，深度关联个人，表面上看每个人所展示的都是外观相似且带有颜色的二维码，但实际上通过扫描读取，能够获取每个人个性化的身份信息，包含个体的生物基本特征、社会活动轨迹等。健康码代替个人的语言、表情、姿势等向外界传播个体信息，告知相关管理者自身的健康状况和传染风险，从而决定个体在到达某具体场所时是否可以进入。它与每一个具体的人绑定，以自传播机制实现了精准的信息传播，传播对象由"作为集合群体的人"聚焦到"作为独立个体的人"，[8]而其背后也离不开算法、大数据等数字技术的支撑。

四　移动规训符码变化的背后逻辑：从物理身体到数字身体

从交通信号灯到健康码，体现了数字媒介技术对人们社会生活的渗透与融入，人的移动规训符码随媒介技术的升级而不断更迭。外显化的符码更迭的背后，潜藏着数字技术更深层次的建构力量，即通过打造数字身体，实现人的数字化生存。

（一）"数字身体"概念的出现

在学界，对"数字身体"尚未形成明确统一的定义，"数据躯体""数据身体"等类似表述比比皆是。例如，学者喻国明认为，数字技术可以"再造身体"，"即数字技术正在为每个人'计算'出由数据、信息构成的可被高度解析的'数据躯体'"，"人作为主体的感知、行动都可以被算法捕捉并制造成数据继而加以利用"。[9]也有学者提出"以维护个体健康和社会健康的名义，个体存在被以健康码的方式转换为数据身体"，并且依托全时性的监控与大数据分析得以实现动态实时更新。[10]综合众多学者围绕"数字身体"的研究，它们往往离不开身体、数字化、算法、大数据等关键词。由此，笔者尝试对"数字身体"做出如下定义：数字身体与物理身体相对，是存在于数字虚拟空间的信息化、数字化的身体，算法和大数据等现代数字科技是其得以形成的技术基础。数字媒介技术的发展使得身体的数据化建构成为现实，以人的物理身体为基础而进行数据采集和处理，传播权力和媒介重新回归到人本身。

（二）健康码：数字身体的"简约"开端

健康码之所以能成为人的移动规训符码，在于它通过创造与人的身份信息、生物特征信息和行动轨迹等相连接的数字身体，从而在疫情风险不确定的情况下对人的健康状况和安全性进行判断，健康码由此"上升为社会成员流动交往的重要资质"。[11]从前，人们只需要物理身体的在场即可实现身份自证，而疫情则偶发性地刺激了以健康码为代表的"数字身体"动能大爆发。物理身体本身已不足以证明个体的移动合法性，个体只有通过出示健康码以确证自身安全性，才能获得出入公共安全空间的资格。

健康码的优势体现在它借助智能手机和移动互联网的高普及率，依靠政府背书，以一种低门槛的可接近性遍及所有社会成员，通过后台复杂、前台简约的二维码，在全社会范围内初步实现了数字身体的数字化生存。虽然它也背靠复杂的算法系统和大数据挖掘采集，但是至少在用户端，它的体验是简约且便捷的。中国互联网络信息中心（CNNIC）发布的第49次《中国互联网络发展状况统计报告》显示，截至2021年12月，我国手机网民规模达10.29亿人，网民使用手机上网的比例为99.7%。[12]在我国，手机特别是可联网的智能手机拥有较高普及率，已经成为人们社会生活中不可或缺的重要工具和基础构件。健康码载于智能手机，成为疫情期间个体的"电子身份证明"，伴随人的移动而无处不在。健康码作为一种特殊的二维码，以一种简约的方式极致化地实现了前所未有的人机合一，当个体向他人出示健康码，就达成了物理身体和数字身体的同时在场，并以数字身体的合法性和安全性获取移动权限。人们无须额外购买沉浸交互设备，也无须步入元宇宙图景，只依靠几乎人手一部的手机，即可初步体验数字化生存。在一定程度上，健康码作为数字文明时代人的新型移动规训符码，通过打造简约的"数字身体"，实现了数字化生存的低调预演。

五　结语

从交通信号灯到健康码，人的移动规训符码从道路交通领域切换到健康领域，从物理空间跳转到数字空间，并在当下拥有更为鲜活生动的现实注解和实际作用力。虽然伴随疫情防控而推出的健康码行将成为历史，但以传播学视野观之，它却具有未来意义。随着大数据、算法等数字技术的持续升级和媒介技术的加速迭代，以数字身体为基础的数字化生存将会跨越健康领域，嵌入更多系统，拥有更广泛的应用场景。

参考文献

［1］佳音 . 交通信号灯溯源 ［J］. 国家人文历史，2013（3）：48-49.

［2］［9］喻国明，耿晓梦 . 元宇宙：媒介化社会的未来生态图景 ［J］. 新疆师范大学学报（哲学社会科学版），2022（3）：110-118+2.

［3］［4］［10］吴静 . 从健康码到数据身体：数字化时代的生命政治 ［J］. 南通大学学报（社会科学版），2021（1）：8-15.

［5］杨庆峰 . 健康码、人类深度数据化及遗忘伦理的建构 ［J］. 探索与争鸣，2020（9）：123-129+160-161.

［6］张萱，张一雄 . 健康码：构建身体、技术、传播的新关系——基于河南省洛阳市 LT 社区的实证研究 ［J］. 文化软实力研究，2021（6）：81-90.

［7］［11］胡凌 . 健康码、数字身份与认证基础设施的兴起 ［J］. 中国法律评论，2021（2）：102-110.

［8］赵新利，牛昆 . 作为媒介的"流调"：生命叙事与信息治理 ［J］. 青年记者，2022（7）：37-39.

［12］中国互联网络信息中心 . 第 49 次《中国互联网络发展状况统计报告》［EB/OL］. 2022-02-25. https：//www. cnnic. net. cn/n4/2022/0401/c88-1131. html.

机器人生成新闻与人工写作新闻可读性的对比分析[*]

马　超^{**}

摘　要： 文章采用实证研究的路径，运用杨孝溁提出的新闻可读性公式，从"理解分数"和"闭塞式分数"两个维度分别计算了机器人和人工采写的自然灾害新闻、财经短消息、体育新闻、深度财经报道四类文本的可读性。研究发现，在以地震报道为代表的自然灾害新闻中，人工采写的报道在"理解分数"和"闭塞式分数"两个维度上的可读性均更高。在财经短消息上，机器人生成新闻在"理解分数"和"闭塞式分数"两个维度上的可读性均更高。对于体育新闻而言，机器人生成文本在"理解分数"评价维度上的可读性更高；而在深度财经报道方面，人工采写新闻在"理解分数"维度上的可读性更高。研究一方面提示，重视新闻报道的可读性，是传统媒体在人工智能时代确立差异化竞争优势的一个重要着力点；另一方面，在人工智能深度融入新闻业的大势所趋下，建立人机协同共生共处的融合机制，成为未来新闻业转型发展的一个新方向。

关键词： 机器人新闻；算法新闻；可读性公式；智能传播；人机协同

---

　*　本文系四川省哲学社会科学重点基地项目"'十三五'时期四川省新闻传播学科学术影响力的文献计量分析"（XSCG2021-010）研究成果之一。

**　马超，新闻学博士，西南交通大学人文学院讲师。

Comparative Analysis of the Readability between Robot-Generating News and Human-Writing News

Chao Ma

［**Abstract**］Using the news readability formula proposed by Yang Xiaoyíng, this paper calculates the readability of four types of texts, namely, "natural disaster news", "financial short message", "sports news" and "in-depth financial report", which are written by robot and man respectively. We found that in the natural disaster news represented by earthquake news, the reports generate by human are more readable in the two indicators of "understanding score" and "clozed score". As for thefinancial short messages, the readability of robot generated news is better in the two indicators of "understanding score" and "closed score". With regard to sports news, the text generated by robot is more readable in the indicator of "understanding score"; In terms of in-depth financial reports, the readability of manual work news is better in the indicator of "understanding score". The research suggests that laying emphasis on the readability of news is an important focus for traditional media to establish differentiated competitive advantage in the era of artificial intelligence. Under the overall trend that AI is deeply integrated into journalism, establishing an integration mechanism of human-computer cooperation and coexistence has become a new direction for the transformation of the journalism in the future.

［**Keywords**］Robot Generated News; Algorithm News; Readability; Intelligent Communication; Human-computer Cooperation

一　引言与研究背景

随着物联网、大数据和人工智能技术的蓬勃发展，传统的新闻业正经历剧烈的转型阵痛。在这股汹涌变革的技术浪潮中，以人工智能技术为支撑的"机器人新闻"对新闻生产方式和传播格局的冲击尤为明显。[1] "机器人新闻"（Robot Journalism）也称"自动化新闻"（Automated Journalism）、"算法新闻"（Algorithmic Journalism），是指利用互联网技术和计算机编程程序发掘、收集、分析各类数据，并利用自然语言生成技术转化为叙述性文本的新闻。[2] 其高产、快速、成本低、不知疲惫、更少出错等内容生产的优点得到了国内外学者的广泛认可。[3]

从已有的文献来看，国内关于机器人新闻的研究大多停留在经验引介和影响探讨的层面。但机器人生成新闻的质量究竟如何？传播效果怎样？目前国内尚缺乏足够的经验证据来判断。一个值得注意的现象是，相关实证研究的匮乏，导致在机器人生成新闻的"可读性"问题上，不同学者做出了截然相反的判断。比如邓建国认为，如今的机器人能够写作出"更具可读性的新闻稿"[4]；史安斌也指出，"新闻机器人生成文本的可读性通过了权威的验证"[5]。当然，也有部分学者认为机器人写作的稿件呈现"模式化、固定化、单一化、同质化"特点[6]，缺乏人类的人性和人情，因此其报道"必然是单调、乏味的"[7]。那么现实情况究竟是怎样的呢？为此，本文选取了国内四个最具代表性的机器人写作工具，将其自动生成的文本与传统记者采写的文本进行对比分析，通过实证方法来检验其可读性情况究竟如何。

二 新闻可读性研究的文献综述

"可读性"（Readability）又称为"易读性"，指材料易于被读者阅读和理解的程度[8]，"可读性公式"（Readability Formula）是用于测量读者在阅读和理解文字时是否成功的测量方法。该公式并不考察读者已有的知识、动机和理解能力，而是看中文本吸引读者的程度和读者对文本的理解程度。[9] 最早的可读性公式可以追溯至 1923 年，当时教育学界的研究者 Lively 和 Pressey 提出了一个可读性公式来评价自然科学教科书的文本难度。到了 20 世纪 80 年代，在英语语系的国度里，关于可读性公式的研究已经非常成熟。总体而言，适用于英语语言的可读性公式主要包括"Flesch 易读评分公式"（Flesch Reading Ease Score）、"Flesch-Kincaid 阅读水平等级公式"（Flesch-Kincaid Reading Grade Level）、"含雾指数"（Fog Index）、"烟雾公式"（SMOG Readability Formula）、"Fry 可读性图谱"

（Fry Readability Graph）五种。[10]尽管这些公式的评价指标存在细微差异，但其共同之处在于承认这样一个事实——可读性高的材料具有如下特质：文本中有易于阅读的字词（多使用常见字、非专业术语、字词意义明确），句子结构简单（句子简短、较少使用复合句）、无关信息干扰少等。[11]

由于中英语言特质的差异，西方学者提出的可读性测量公式并不适用于汉字的词汇语法特征。于是中国本土的研究者开始探索适合于汉字的可读性公式。20 世纪 70 年代，台湾学者陈世敏在改变英文可读性公式的基础上，提出了一个可读性公式[12]：Y（可读性评分）= 0.8X$_1$（每句话的平均字数）+X$_2$（难字所占比率）。但后来有研究者指出，陈世敏提出的公式存在对中西语言特质的认知偏误，混淆了汉语中"字"与英语中"词"之间的关系[13]，因此该公式不适用于我国的汉字。而几乎同一时期，在美国威斯康星大学取得博士学位归国的杨孝濚结合其博士学位论文《中文可读性公式》提出了一个用于测量新闻可读性的方法，该方法包含两个公式。其一为 X$_1$（理解分数）= 3.5921 + 0.8826X$_2$（计一至十率）－0.0179X$_3$（特殊词所占比率）；其二为 X$_1$（闭塞式分数）= 0.3344 + 1.4593X$_2$（完全对称字数）－0.168X$_3$（难词所占比率）。[14]

从 1923 年英语世界中第一个可读性公式的提出算起，至今已近百年时光。然而遗憾的是，关于可读性公式的研究却主要集中在教育学和医学领域。在教育学界，许多研究者采用可读性公式来评估教材的难易程度，以便帮助教师和图书馆员为适龄儿童选择最优读物[15]；而在医学界，一些从事健康传播的研究者利用可读性公式来评估健康教育材料和知情同意书是否适合公众阅读和易于病患理解。[16]总体而言，新闻传播学领域对这一问题的重视还不够。为数不多的实证研究主要来自西方。例如 Clerwall 曾选择一则分别由机器人和人工写作的足球新闻作为刺激材料，在不标明新闻来源的情况下请学生作为被试者来评估两条新闻的可信度和可读性。研究发现，被试者难以区分新闻的写作者究竟是谁，但被试者对机器人写作新闻的可信度评价更高，而对人工写作新闻的可读性评价更高。[17]Graefe 等人对 986 名受访者进行调查后同样发现，被试者认为机器人写作新闻的可信度更高，但人工写作新闻的可读性更高。[18]尽管这两项实证研究为我们判断机器人写作文本的可读性问题提供了参考，但上述研究还是存在不足之处：一方面，前述文献已经提到，由于中西方语言文字的差异，西方开发的机器人算法新闻与国内机器人自动生成的新闻文本有所不同；另一方面，这两项研究中对新闻可读性的测量都是采用受众调查的方式，请被试者主观评价新闻的"表达是否清晰""文本是否连贯紧凑""文笔是否优美""文章是否轻松愉悦"等。然而由于每位受众的审美风格、阅读品位、浏览偏好各不相同，对于"有趣生动""轻松愉悦""文笔优美"这类抽象的评价难免言人人殊。基于上述分析，本文不打算采用自陈式的（Self-reported）问卷调查法询问受众的主观感受，而是采用新闻可读性公式对新闻的文本进行客观评估。

三 研究设计

（一）研究对象的选择

在国内的机器人写作工具中，比较著名的有腾讯的"Dreamwriter"、第一财经的"DT稿王"和今日头条的"Xiaomingbot"等。因此，本研究选取上述几个机器人写作工具为分析对象。在文本类别的选择方面，有学者指出，在高度结构化、数据化、程式化的领域，人类在数据收集和文本生成上难以和机器人匹敌。因而当前机器人写作的应用范围主要集中在体育、财经和灾害预报等领域。[19] 为此，本研究也从这些领域选择机器人写作的文本与人工写作的文本进行对比分析。具体而言，分析的对象包括：中国地震台网中心旗下机器人自动编写的《四川阿坝州九寨沟县发生7.0级地震》和《人民日报》记者采写的《四川九寨沟发生7.0级地震各方立即行动开展抢险救援》两则自然灾害新闻进行对比；腾讯机器人"Dreamwriter"自动生成的新闻《8月CPI同比上涨2.0%创12个月新高》和《人民日报》记者采写的《CPI涨幅重回"二"时代食品价格上扬是主因》两则财经短消息进行对比；第一财经的"DT稿王"写作的《年初翘尾因素变化大2月CPI降至0.8%、PPI增至7.8%》和《经济日报》记者采写的《2月份CPI、PPI解读：完成全年物价调控目标难度不大》两则深度财经报道做对比；今日头条的"Xiaomingbot"编写的《世界杯决赛法国打爆克罗地亚摘得大力神杯》和《中国体育报》记者采写的《高卢雄鸡重创奇迹》两则体育新闻做对比。

（二）研究工具的确定

当前国内关于汉字可读性公式的研究较少，最经典的当数杨孝溁提出的"新闻可读性公式"。杨孝濚于美国威斯康星大学获得大众传播学博士学位，先后任职于中国台湾东吴大学、台湾大学，从事传播学和社会学的研究。其在威斯康星大学的博士学位论文主题就是研究中文语言的可读性问题。[20] 而后其在博士学位论文的基础上，结合中文新闻报道的实际对可读性公式进一步修正完善，并将最终确定的新闻可读性公式发表在台湾知名新闻学期刊《新闻学研究》上。[14] 由于其可读性公式完全以新闻文本为测试样本、以新闻受众为测试对象，因此被后人评价为"严格意义上的中文新闻可读性公式"[13]。具体而言，他采用因子分析法从 15 个影响中文可读性的变量中析出 6 个因子，分别是单字、复合词、句子、综合词、复杂笔画、词汇表（可解释文本可读性 73% 的变异量）。随后根据回归分析结果删除影响力小的指标，最后留下"词汇数""句子数""平均笔画数" 3 个系数最大的指标。[21] 虽然该公式提出已经数十年，但其公式中提及的一些要素依然对中文可读性的测量具有预测意义。比如宋曜廷等人采用最新的支持向量机（SVW）方法建立可读性数理模型分析后发现，中文可读性的重要预测变量是"难词数""字数中笔画数""二字词数"。[22] 这说明杨孝濚所提公式中的核心要素具有较高的可靠性。在现实中，已有少数研究者采用杨孝濚提出的新闻可读性公式对微博新闻[23]和科技新闻[24]进行过分析，证实该公式在当代社会的新媒体语境下也能够适用。于是本研究也采用该公式来分析机器人生成新闻的可读性。

根据杨孝濚提出的"理解分数公式" $X_1 = 3.5921 + 0.8826X_2 - 0.0179X_3$。

其中，X_1 为"理解分数"；X_2 为"计一至十率"，即文本中含有笔画数为一画到十画的单字总数与文本总字数的比率，文本中的"计一至十率"越高，说明文本采用的文字越简单，文本的整体可读性也较高；X_3 为特殊词所占比率，指文本中出现的地名、人名、机构名、专业术语等专有名词的比率。特殊字词运用过多，会影响文本的可读性，与理解分数呈负相关关系。

另一个是"闭塞式分数公式" $X_1 = 0.3344 + 1.4593X_2 - 0.168X_3$。

其中，X_1 为"闭塞式分数"；X_2 为"完全对称字数"，即中文汉字中完全对称的字如"平""中"等，一般"完全对称字数"越多，文本的可读性也越高；X_3 为难词所占比率。本研究选取国家汉语水平考试委员会办公室考试中心制定的《汉语水平词汇与汉字等级大纲》中的"丁级词"作为难词。难词越多,文本的可读性就越低。

杨孝溁根据测算,提出了中文文本可读性难易程度分布(见表1),后续研究可以根据两个公式计算的结果找到文本对应的整体难度。

表1 中文文本可读性难易程度分布

难易程度	极易	易	中等	难	极难
理解分数	4.7029-5.0000	4.3202-4.7028	3.9827-4.3201	3.6002-3.9828	0.0000-3.6001
闭塞式分数	0.6780-1.0000	0.6041-0.6779	0.5390-0.6040	0.4651-0.5389	0.0000-0.4650

四 研究结果与发现

本研究根据两个可读性公式,先分别统计出机器人和人工采写的四类新闻各自的"计一至十率""特殊词所占比率""完全对称字数""难词所占比率",然后计算出"理解分数"和"闭塞式分数"并进行比较(见表2、表3)。

在对"理解分数"公式中的各个指标进行详细检视后(见表2),本文得出了若干研究发现。首先,在"自然灾害新闻"和"深度财经报道"两类题材上,机器人生成新闻的"计一至十率"高于人工写作的新闻,说明在这两类题材上,机器人采用的文字更加简洁;而在"财经短消息"和"体育新闻"两类题材上,人工采写新闻的"计一至十率"高于机器人生成的新闻,因而这两类题材人工写作的文章更易读。其次,在"自然灾害新闻"和"深度财经报道"两类题材上,机器人生成新闻所采用的特殊词更少,更便于受众阅读;相反,人工写作的"财经短消息"和"体育新闻"所使用的专用名词更少,更利于读者接受。最后,在文本总字数方面,机器人生成的"自然灾害新闻"和"深度财经报道"篇幅更短,更方便读者快速阅读;而人工写作的"财经短消息"和"体育新闻"总字数更少,受众阅读所花费的时间也相应更少。

将各个指标的数值代入理解分数公式 $X_1 = 3.5921 + 0.8826X_2 - 0.0179X_3$ 后,从得出的最终"理解分数"值发现,无论是机器人自动生成的新闻,还是人工采写的新闻,四类报道的总体可读性均为"易"。但仔细辨别四类新闻的"理解分数"值可以发现,在"自然灾害新闻"和"深度财经报道"上，机器人生成新闻的可读性更高；而在"财经短消息"和"体育新闻"上，人工采写新闻的可读性更高。这项总体发现与上文各分指标得出的结论是高度一致的。

表 2　四类新闻的"理解分数"可读性评分

文本类别	写作主体	计一至十率（%）	特殊词数	总字数	理解分数	难易程度
自然灾害新闻：地震报道	机器人	91.39	109	511	4.3949	易
	人工	89.20	182	741	4.3750	易
财经短消息：CPI 涨幅	机器人	89.16	158	913	4.3759	易
	人工	91.70	144	735	4.3980	易
体育新闻：世界杯决赛	机器人	92.12	173	673	4.4006	易
	人工	92.34	113	666	4.4041	易
深度财经报道：CPI、PPI	机器人	92.25	278	1728	4.4034	易
	人工	92.18	343	2020	4.4027	易

在对"闭塞式分数"公式中的各项指标进行详细检视后（见表 3），本文得出了若干研究发现。首先，在"自然灾害新闻"和"体育新闻"两类题材上，机器人生成新闻的完全对称字数更多，这初步提示我们机器人生成的这两类新闻的可读性更高。而人工采写的"财经短消息"和"深度财经报道"的完全对称字数更多，因而人工采写的财经类报道的可读性更高。其次，从"难词数"来看，机器人在生成新闻时使用的难词更多，特别是在"自然灾害新闻""体育新闻""财经短消息"三类题材中采用的难词数均多于人工写作的新闻。尤其是在"体育新闻"中，因为频繁提及外国人拗口的名字，导致文中呈现的难词数格外多。在文本总字数方面，机器人在"自然灾害新闻"和"深度财经报道"两类题材上的篇幅略小于人工采写的新闻，这提示我们机器人生成的这两类新闻或许可读性更高。

将各个指标的数值代入"闭塞式分数"公式 $X_1 = 0.3344 + 1.4593X_2 - 0.168X_3$ 后，从得出的最终"闭塞式分数"值发现，无论是机器人生成的新闻，还是人工采写的新闻，四类报道的总体可读性均偏难。尤其是专业性很强的"财经短消息"和"体育新闻"都呈现"极难"的等级。分主体而言，在"自然灾害新闻"和"体育新闻"中，机器人生成的报道可读性更高；而无论是"财经短消息"还是"深度财经报道"，人工采写新闻的文本可读性更高。这项发现和各分指标得出的结论略有差异，原因在于"闭塞式分数"公式中，"完全对称字数"（X_2）前面的系数更大。也就是说，公式创建者认为"完全对称字数"对人们阅读理解的重要性更明显。而在"自然灾害新闻"和"体育新闻"两类题材中，机器人生成新闻的完全对称字数均高于人工写作的新闻，因此这两类题材的机器人生成报道的可读性更高。

表 3　四类新闻的"闭塞式分数"可读性评分

文本类别	写作主体	完全对称字数	难词数	总字数	闭塞式分数	难易度
自然灾害新闻：地震报道	机器人	63	3	511	0.5133	难
	人工	39	2	741	0.4107	极难
财经短消息：CPI 涨幅	机器人	60	3	913	0.4297	极难
	人工	62	0	735	0.4575	极难
体育新闻：世界杯决赛	机器人	59	13	673	0.4591	极难
	人工	52	5	666	0.4470	极难
深度财经报道：CPI、PPI	机器人	172	2	1728	0.4795	难
	人工	216	2	2020	0.4902	难

当然需要指出的是，针对同一类新闻采用"理解分数"和"闭塞式分数"公式得到结果不对应的情况，很大程度上可能是公式设计的问题。"闭塞式分数"可读性评分主要是根据完型心理学的原理来考察人们的认知过程：在阅读一段话时每隔几个字就遮住一个字，然后让读者根据上下文去猜测遮住的字，猜中的概率越高，说明文章的可读性越高。而本文选取的是专业性较强的体育、财经新闻，对于这类报道而言，揣测专业词汇的难度很大。这也提示我们，"闭塞式分数"公式或许更适用于通俗类读物的研究。

五　结论与讨论

随着大数据技术的发展和社交媒体的繁盛，我们进入了一个传播渠道日益丰富、传播内容过度饱和的时代。在铺天盖地的海量信息中，主流传播如何才能直击受众，并且让受众在关注之后得以理解记忆？文本信息的可读性是其中一个重要的影响因素。对于许多普通网民而言，在阅读诸如财经报道等专业新闻时，文本的可读性就成为争取用户的一个关键要素。若文本信息易懂、阅读顺畅，则有助于减轻受众的认知负荷，并将所阅专业资讯内化吸收为自己的知识储备；若文本信息晦涩难懂，则既不便于受众理解文意，也不利于受众的学习与记忆。从这个角度来说，新闻文本的可读性对于提高传媒传播力、引导力、影响力具有重要意义。

本文的研究发现，在自然灾害新闻、财经短消息、深度财经报道和体育新闻四类文本中，机器人生成的新闻和人工采写的报道各有千秋。其中，在以地震报道为代表的自然灾害新闻中，无论是从"理解分数"还是从"闭塞式分数"来计算，人工采写报道的可读性更高。而在财经短消息上，无论是从"理解分数"还是从"闭塞式分数"来计算，机器人生成新闻的可读性更高。在体育新闻类别上，从"理解分数"维度来评分，机器人生成新闻的可读性更高；从"闭塞式分数"来评分，人工采写报道的可读性更高。而对于深度财经报道而言，人工采写报道在"理解分数"维度上的可读性更高，机器人生成新闻在"闭塞式分数"维度上的可读性更高。

上述研究发现提示我们，尽管机器人生成的新闻具有高产、高速的内容产制优势，但从传播效果的角度来衡量，这类算法生成的报道在可读性上并不总是具有绝对优势。西方已有学者指出，计算机对自然语言的习得和处理还有较长的路要走，特别是对于幽默、讽刺、比喻等表达方式的理解和识别还力有不逮。[25]因此利用算法生成的新闻在风格上也呈现千篇一律的状态。从这个角度来说，重视传统记者写作文本的可读性和通俗性，提高受众的阅读效率，是传统媒体在人工智能时代确立差异化竞争优势的一个重要着力点。另外，鉴于机器人与新闻从业者各自具有的特长和短板，建立人机协同生产新闻的新图景，形成"共生共长"的持久关系，成为智能传播时代新闻业转型发展的新方向。[26]

参考文献

［1］喻国明．"机器新闻写作"时代传媒发展的新变局［J］．中国报业，2015（23）：22-23．

［2］Carlson，M. The Robotic Reporter［J］．*Digital Journalism*，2014（3）：416-431．

［3］Anderson，C. Towards a Sociology of Computational and Algorithmic Journalism［J］．*New Media & Society*，2013（7）：1005-1021．

［4］邓建国．机器人新闻：原理、风险和影响［J］．新闻记者，2016（9）：10-17．

［5］史安斌，龙亦凡．新闻机器人溯源、现状与前景［J］．青年记者，2016（22）：77-79．

［6］孙振虎，张馨亚．机器人新闻的发展与反思［J］．电视研究，2016（6）：64-66．

［7］熊国荣，李贤秀．"机器人记者"对新闻记者就业的冲击及应对［J］．编辑之友，2016（11）：73-77．

［8］Klare，G. R. The Measurement of Readability：Useful Information for Communicators［J］．*ACM Journal of Computer Documentation*，2000，24（3）：107-121．

［9］Bailin，A.，Grafstein，A. The Linguistic Assumptions Underlying Readability Formulae：A Critique［J］．*Language & Communication*，2001，21（3）：285-301．

［10］Friedman，D. B.，Hoffman-Goetz，L. A. Systematic Review of Readability and Comprehension Instruments Used for Print and Web-Based Cancer Information［J］．*Health Education & Behavior*，2006，33（3）：352-373．

［11］Schriver，K. Readability Formula in the New Millennium：What's the Use?［J］．*ACM Journal of Computer Documentation*，2000，24（3）：138-140．

［12］陈世敏．中文可读性公式试拟［J］．新闻学研究，1971（8）：181-226．

［13］黄敏．汉语特质与中文新闻易读性公式研究［J］．新闻与传播研究，2010（4）：93-97．

［14］杨孝溁．实用中文报纸可读性公式［J］．新闻学研究，1974（13）：43-60．

［15］Faison，Edmund，W. J. Readability of Children's Textbooks.［J］．*Journal of Educational Psychology*，1951，42（1）：43-51．

［16］Schreuders，E. H.，Grobbee，E. J.，Kuipers，E. J.，et al. Variable Quality and Readability of Patient-oriented Websites on Colorectal Cancer Screening［J］．*Clinical Gastroenterology and Hepatology*，2017，15（1）：79-85．

［17］Clerwall，C. Enter the Robot Journalist［J］．*Journalism Practice*，2014，8（5）：519-531．

［18］Graefe，A.，Haim，M.，Haarmann，B.，et al. Readers Perception of Computer-generated News：Credibility, Expertise, and Readability ［J］. *Journalism*, 2018, 19（5）：595-610.

［19］ Haim, M., Graefe, A. Automated News ［J］. *Digital Journalism*, 2017, 5（8）：1044-1059.

［20］ Yang, S. J. A Readability Formula for Chinese Language ［D］. The University of Wisconsin, 1970.

［21］ 杨孝溁. 影响中文可读性语言因素的分析 ［J］. 报学（台湾），1971（7）：58-67.

［22］ 宋曜廷，陈茹玲，李宜宪等. 中文文本可读性探讨：指标选取、模型建立与效度验证 ［J］. 中华心理学刊，2013（1）：75-106.

［23］ 冯宇乐. 易读性测量在微博新闻报道中的运用——以新浪微博"头条新闻"的"毒胶囊"报道为例 ［J］. 东南传播，2012（11）：89-92.

［24］ 周雯，赵清扬，程卫疆.《中国气象报》气象科技新闻易读性研究——以世界气象日科技类新闻为例 ［J］. 传播力研究，2019（13）：1-3.

［25］ Lemelshtrich, L. N. The Robot Journalist in the Age of Social Physics：The End of Human Journalism? ［C］. Einav, G. The New World of Transitioned Media. Heidelberg：Springer International Publishing, 2015：65-80.

［26］ 吴世文. 新闻从业者与人工智能"共生共长"机制探究——基于关系主义视角 ［J］. 中国出版，2018（19）：21-25.

专题策划

联结与聚合：社交媒体使用对青少年新移民身份认同的影响机制研究[*]

李登峰　廖宗钰　周云琨^{**}

摘　要：青少年移民迁入城市后的身份认同感反映了其心理融入程度。移动社交媒体具有凝聚新移民共同体意识的赋权功能，为难以融入传统社交的青少年提供了新的沟通平台。青少年移民通过分享信息、表露自我获得社会支持，从而建立社会联系。但既往研究缺乏从"媒介机制"去探讨青少年新移民身份认同的过程。因此，不同类型的媒介使用动机为青少年新移民身份认同研究提供了新的视角。研究基于 H 市、L 市、W 市所属的四个新移民社区的实证调查（N＝687），阐释了青少年新移民的社交媒体使用动机对身份认同的影响及其机理。研究结果显示，媒介使用动机中的人际交往和自我呈现动机对青少年新移民获得网络社会支持和身份认同均有显著正向影响；网络社会支持在其中发挥中介作用，并且与身份认同交互影响、"共生"连接。

关键词：青少年新移民；社交媒体；身份认同；网络社会支持

＊　本文系华南理工大学 2023 年"百步梯攀登计划"项目（项目编号：jztw202302052）研究成果之一。

＊＊　李登峰，华南理工大学新闻与传播学院硕士生；廖宗钰，中山大学传播与设计学院硕士生；周云琨，中山大学传播与设计学院硕士生。

Connection and Convergence: A Study of the Mechanisms of Social Media Use on the Identity of Adolescent Newcomers

Dengfeng Li; *Zongyu Liao*; *Yunkun Zhou*

[**Abstract**] Adolescent immigrants' sense of identity after moving to the city reflects their degree of psychological integration. Mobile social media has the empowering function of gathering a sense of community among new immigrants and provides a new communication platform for adolescents who have difficulty integrating into traditional social networks. By sharing information and revealing themselves, they can gain social support and thus build social connections. However, previous studies have not explored the identity process of new immigrants in terms of "media mechanisms". Therefore, different types of media use motives provide a new perspective for the study of new immigrants' identities. Based on an empirical survey in four new immigrant communities in cities H, L, and W (N = 687), we depicted the impact of social media use motives on the identity of adolescent new immigrants and its mechanisms. The results show that interpersonal and self-presentation motivations in media use have a significant positive effect on both online social support and identity among adolescent newcomers; online social support plays a mediating role and interacts with identity in a "symbiotic" connection.

[**Keywords**] Adolescent Newcomers; Social Media Use; Identity; Online Social Support

一　引言

身份认同反映出新移民对本地人身份的认同感以及归属感，是判断新移民在心理层面是否融入城市的重要指标。在"十三五"时期，伴随国家政策衔接产生了较大规模的政策性移民，这种政策性移民随着户籍的转移，也得到多数研究者的认可。[1]本研究所关注的"青少年新移民"主要指年龄集中在 13~19 岁，通过"易地搬迁政策"从农村随迁到城市并有稳定住所的政策性移民。易地搬迁是阻断贫困代际传递、解决"一方水土养不起一方人"问题的有效手段。据自然资源部统计数据，仅易地扶贫搬迁这一政策就产生了近千万政策性移民，相当于一个中等国家人口，H 市所在省份易地扶贫搬迁71 万人。对于个体而言，伴随居住流动、生活方式、社会网络变化，由乡村到城市的迁移是一个不断融入的过程。他们会不断探索、确定、认同自己的身份，达到社会以及心理层面的适应。但是，城乡异质化社会结构仍给青少年新移民带来"我是哪里人"的心理困境，因而，考察其社会融入和身份认同具有重要意义。

互联网和新媒体逐步嵌入日常生活，形塑了一个数字化、信息化的社会空间，同时也逐步改变了人们的行为方式、身份认同。青少年从农村迁到城市，成为城市的新移民；在智能手机的普及下，他们又成为互联网的"数字移民"。社交媒体是青少年拓展人际关系、丰富信息来源的渠道，也是他们获得网络社会支持的平台。网络社会支持是指个体在网络空间进行人际互动中获得的情感、信息和物质等方面的支持以及由此产生的主观感受。[2]它既能维持个体正常的心理状态，也能让个体感受到共同承受、共同分享、情感相依的稳定支持。既往的很多研究都揭示了网络社会支持的中介变量属性。青少年新移民也通过使用社交媒体获取社会支持，完成自我建构和身份认同，从而达到心理与行为的协调统一。

目前，对于社会融入中的身份认同研究多基于社会学角度展开，主要使用访谈、观察等质性方法，聚焦于乡村—城市流动人口在"农民—市民"这一归属性身份之间的摇摆及其影响因素研究，但传播和媒体作为重要因素，尚未被纳入考虑范围。[3]事实上，传播与社区/社会的关系研究历来是社会科学研究中的重要议题。[4]因此，本文从媒介使用动机这一视角，考察社交媒体对青少年新移民的身份认同这一"再社会化"过程。具体而言，青少年新移民的身份认同现状如何？在这个过程中，他们的媒介使用动机将会对获取网络社会支持产生怎样的影响？"网络社会支持"是否在媒介使用与身份认同之间起到中介作用？通过揭示这二者之间的影响机制，为青少年新移民的社会融入对策和建议提供触发点。

二　理论基础与研究假设

（一）媒介使用动机与网络社会支持

根据 CNNIC 发布的第 49 次《中国互联网络发展状况统计报告》，截至 2021 年 12 月，我国网民规模达 10.32 亿人，较 2020 年 12 月增长 4296 万人，互联网普及率达 73.0%，未成年人的互联网使用人数已达 1.83 亿人，互联网普及率达 94.9%。未成年的媒介使用呈现很多新特点，其中城镇与乡村的未成年人的互联网普及率基本持平，城镇未成年人互联网普及率为 95.0%，农村则为 94.7%，值得注意的是，该群体将手机作为互联网终端的使用率高达 65.0%。互联网和移动手机智能终端在未成年人中的广泛普及改变了未成年人之间的交流和娱乐方式，那么他们的媒介使用动机为何？

关于青少年的媒介使用动机主要从媒介的"使用与满足"理论进行阐释，认为受众通过观看、阅读和收听媒体的信息，在一定程度上是为了满足自身所需要的社会和心理需求[5]，寻求有益结果[6]。对于青少年新移民媒介使用动机及其影响，有学者指出青少年使用媒介首先能够"通过参与，穿梭在社会"，从而获得"平等参与"的满足，其次能够满足自身"晒出自我"的"个性化"需求，还能"寻找同好"的共享需求。[7]恰当的"传播"是形塑青少年有责任数字公民形象的重要驱动力，互联网和社交媒介的使用可以帮助个体增强他们的现实社交网络与社会联系[8]；个体的在线行为能够增强青少年时期和初显成人期的社交网络[9]。此外，还有学者指出，线上的媒介使用所建构的友谊是对线下友谊的有效补充，会给青少年心理健康起到一定的积极作用。[10]

总览青少年的媒介使用动机研究，无论是从"使用与满足"理论出发探讨青少年的社会化和个性化的需求，还是从实证研究中基于青少年寻找友谊、增强社会网络与联系、保持身心健康等维度，都是其寻求网络社会支持所促成的内生动力。而关于青少年的媒介使用动机的界定，学界目前没有统一的标准，考虑到青少年新移民的实际特点并综合既有研究[11]，本文将媒介使用动机概括为人际交往、获取信息（包括学习知识）、休闲娱乐、自我呈现四个维度。

社会支持的概念缘起于精神病学研究，此后，这一概念在社会学、心理学等学科领域得到应用。社会学意义上的社会支持的形式可以分为两种，一是客观的支持，包括物质上的直接援助和社会网络、团体关系的存在及参与在内的"人们赖以满足他们社会、生理和心理需求的家庭、朋友和社会机构的汇总"[12]；二是主观的支持，是个体所体验到的情感上的支持，也就是个体在社会中受尊重、被支持、被理解因而产生的情感体验和满意程度[13]。进一步总结，社会支持是运用一定的物质和精神手段对社会弱者进行无偿帮助的一种选择性社会行为。[14]

互联网技术为获取社会支持提供了另一种途径——网络社会支持。它主要是指个体在网络空间进行人际互动所获得的情感、信息和物质等方面的支持以及由此产生的主观感受。而社交媒体的互动性与共享性让个体感受到共同承受、共同分享的稳定支持，为青少年新移民适应新的环境提供稳定的心理资源，对于他们的心理调适和自我建构具有一定的促进作用。有学者认为，在 Facebook（脸书）上进行自我表露的年轻人拥有更高的幸福感，在某些情况下能获得更大的社会支持。[15] Valkenburg 也发现，有社交焦虑的青少年认为互联网社交有助于亲密的自我披露，他们从中获得了更多的在线社交支持。[16] Murphy 等人认为社交媒体可用被有意识地用于结识他人或与他人保持联系，以更好地获取信息和社会支持。[17] 据此可以推测，不同类型的媒介使用动机与个体获取网络社会支持之间有着深刻联系。基于此，本文提出第一个研究假设：

> H1：青少年新移民群体的媒介使用动机正向预测网络社会支持获取。

（二）网络社会支持对身份认同的作用

互联网的出现与发展拓展了社会支持的来源。作为一种具有交互性、隐蔽性、离散性的工具，互联网技术范式改变了社会场景，并由此影响人的社会角色与行为[18]，对人们在社会中的角色定位、行动脚本、交往规则、社交氛围产生基础性的影响，重塑人们的行为[19]。研究证实，网络社会支持可以预测现实社会支持，并且与青年学生的心理健康有着密切的关系，如对网络人际信任、主观幸福感等有着重要的影响作用。例如，在现

实社会中缺乏社会支持的大学生，会更倾向于在虚拟的空间中寻求支持以获得满足，使网络成瘾倾向升高。[20-25]

有学者将社会支持分为交往支持与实际支持两个维度，对农民工的社会支持与身份认同之间的关系进行研究发现，在城市获得的交往支持与实际支持越多，农民工越认同自己是务工地的"本地人"。[26]有研究发现，在流动儿童群体中，社会支持在师生关系与城市人角色认同之间起到完全中介作用，社会支持在其城市人角色认同的形成过程中会产生重要影响。[27]在网络环境下，对线上虚拟跑步俱乐部成员的研究发现，跑者感知线上社会支持作为中介变量在社群参与度和跑者身份认同之间产生作用，感知线上社会支持对跑者身份认同存在显著的正向预测作用。[28]就农民工群体而言，新生代农民工文化教育水平的不足、职业技能的缺乏、心理孤寂与城市生活的难融入感可以在网络媒介社会中得到补充与慰藉，对其向上流动形成制约的基于标签化的圈层文化建立的身份认同在媒介化社会背景下重塑。[29]通过运用媒介赋权解决实际问题，新生代农民工能够在媒介使用过程中逐渐改变自己作为底层青年身份的体认，构建自身主体价值，进而获得一种阶层向上流动的满足感。[30]既往研究多揭示网络社会支持对于社会"边缘化"群体认同感与归属感的促进作用。基于此，本文提出第二个假设：

H2："网络社会支持"正向影响青少年新移民群体的身份认同。

（三）网络社会支持的中介作用

随着移动社交媒体的发展，信息的传递变得更加便捷。当社交媒体完全介入青少年新移民的学习生活中，他们既可以通过社交媒体扩大自己的交友范围和人际圈，还能通过社交媒体获取信息与表露自我。社交媒体为青少年新移民获取社会支持提供了另一种途径——网络社会支持，网络社会支持与现实社会支持一起构成其社会支持体系。[31]

大多数学者都认为社交网站的使用有助于建立和保持社交资本，即增加网络社会支持。[32]进一步研究发现，不同类型社交媒体使用动机对个体的自我建构和认同都有一定促进作用。[33]一项元分析也显示，社交网站使用时间越长、好友数量越多，个体获得的社会支持就越多。[34]并且个体在网络平台上发布自己的信息后，他人的点赞和评论有助于个体获得认同感和归属感。[35]有研究指出，社交媒体的积极自我呈现，不仅可以通过个体所感受到的社会支持的中介作用促进个体自我认同的发展[36]，还可以通过网络社会支持的部分中介作用对个体幸福感产生影响[37]。此外，移动社交媒介使用行为与网络社会支持之间存在显著正相关关系。同时也揭示了自我表露对青少年友谊质量的影响实际上是通过网络社会支持来实现的。[38]

另外，网络社会支持对流动个体的身份认同也有显著的预测作用。网络社会支持具有匿名性、高暴露性等特点，对个体的自我建构和认同具有特殊意义。新媒体的使用模式对分层社会中个人的社会地位感有独立的影响，尤其是在文化方面。媒介空间已成为人们流动化的"异乡"，流动群体在其中构建各种身份，在互动交流中重获认同。[39]具体而言，外来务工人员会利用QQ来建构自己的社交网络，从而为自己提供情感支持和实际支持，并通过赋权来重构个体的身份。随着媒介内容呈现形式的不断丰富[40]，新生代农民工通过短视频获得了人际交往、自我表达的情感体验，并基于特殊情感的"满足"建构了自身所属的亚文化场域，完成了本群体在短视频"媒介瞬间"中的身份重构[41]。有研究揭示了网络社会支持在心理机制与具体行为之间的中介效应，证实了网络社会支持在媒介使用动机与认同行为之间的"媒介机制"效应。[42]

与此同时，也有学者认为社交媒体的正面作用主要针对心理上的认同和弱关系的增加，而对于深度社会支持的获取和真实社会活动的参与则作用有限。[43]进一步研究发现，微信群具有凝聚共同体意识、密切群体内人际交往的促进作用；但是其交互便捷的属性进一步深化外来务工群体在城市融入过程中的内卷化趋势[44]，呈现既增权又减权的复杂共存面向。

青少年迁入城市后，获取信息成为他们融入和适应城市的重要渠道，社交媒体为其情感和信息交流提供了一个快捷的新平台，从而为社会支持提供了新的机会，他们感知到的社会支持资源又会影响其身份认同。本文据此提出第三个假设：

　　H3：网络社会支持在青少年新移民媒介使用动机和身份认同之间发挥中介作用。

综上，将研究假设汇总得到本文研究模型，如图 1 所示。

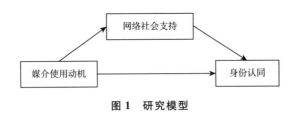

图 1　研究模型

三　研究方法

（一）测量工具

关于自变量媒介使用动机的测量，研究采用了韦路等人[43]和钟瑛等人[11]的媒介使用动机量表，包括了解新闻信息、学习知识、休闲娱乐、自我表现四个维度，共 9 个条目，询问受访者使用社交媒体的主要目的。关于网络社会支持的测量，研究采用了 Eastin 和 Larose 的《人际支持评估表》[31]以及梁晓燕的《大学生网络社会支持量表》[2]；共 15 个题项，涵盖信息支持、情感支持、友伴支持和工具支持四个维度，进一步研究媒介使用动机对个体网络社会支持的影响。关于因变量身份认同的测量，研究参照 Tajfel 和 Turner 的理论思路，结合邓宇根据前人编制的有关量表进行测量。包括身份识别、情感归属两个维度，共 7 个条目，其中，4 个条目涉及身份识别、3 个条目为情感归属。身份识别主要指个体对"城里人"和"老家人"的身份的识别与确认；情感归属是指个体对迁入地的归属感。经过信效度检验，其 Cronbach's α 系数均大于等于 0.70，KMO 值也均大于等于 0.70，表明量表具有较好的内部一致性。

以上条目的选项采用李克特 5 级量表形式，从 1 到 5 分别代表从"非常不符合"到"非常符合"。量表的信效度分析及描述性分析结果如表 1 所示，综合说明数据信度和效度质量良好，可用于进一步分析。

表 1 量表的信效度分析及描述性分析结果

变量	维度	因子系数	Cronbach's α 系数	KMO 值	M±SD
媒介使用动机	人际交往	0.85	0.84	0.78	2.85±1.10
	信息获取	0.80			3.50±1.07
	娱乐消遣	0.82			3.24±1.12
	自我呈现	0.84			2.73±1.06
网络社会支持	信息支持	0.83	0.85	0.82	4.05±0.72
	情感支持	0.86	0.85	0.78	3.53±0.85
	友伴支持	0.87	0.89	0.83	3.56±0.85
	工具支持	0.80	0.86	0.73	2.98±1.05
身份认同	—	—	0.70	0.70	3.02±0.52

（二）抽样方法与样本情况

本次调查选取 H 市、L 市、W 市作为西部地区代表性的移民搬迁市，区域内的城乡差异较为显著，选择这三个市研究新移民心理融入情况具有一定的代表性。在正式调查开始之前，笔者在 H 市选取了 50 名青少年新移民填写问卷进行前期的信效度测试，并结合填答反馈对量表条目和问卷用词进行修正。

正式调查于 2022 年 4 月进行，采取随机抽样与分层抽样方法，通过班级微信群向 H 市、L 市、W 市所属的四个移民安置社区的青少年发放问卷，共计收回问卷 728 份。在数据清洗过程中，删除作答时间低于 90 秒以及回答内容前后存在逻辑矛盾的样本。经过筛选后得到有效问卷 687 份，有效回收率为 94.4%。首先，样本中女性占比较高，超过 60%，同时大多集中在 15 岁以上，对应学段大多为高中或者中专（职高）在校生，对移民与流动以及原生地的记忆更为深刻。其次，样本中少数民族占比相对较高，并且还有一定数量的留守儿童，进一步表明其心理融入情况更为复杂。整体而言，研究样本涵盖各个学段以及年龄段，并且涵盖不同搬迁时长，具有较好的代表性。样本频数分析结果如表 2 所示。本次研究中的调查数据统一采用 SPSS26.0 进行处理。

表 2　样本频数分析结果

单位：次，%

名称	选项	频数	百分比
性别	女	429	62.4
	男	258	37.6
民族	汉族	302	44.0
	瑶族	369	53.7
	其他	16	2.3
年龄段	12~14 岁	31	4.5
	15~17 岁	464	67.5
	18 岁以上	192	28.0
学段	初中	55	8.0
	高中	477	69.4
	中专（职高）	155	22.6
搬迁时长	1 年内	220	32.0
	1~3 年	64	9.3
	3~5 年	31	4.5
	5 年以上	372	54.2
是否留守儿童	否	518	75.4
	是	169	24.6
合计	—	687	100.0

四　研究结果分析

（一）青少年新移民的身份认同状况

1. 身份认同整体状况

调查数据显示，超六成的青少年新移民还不认同自身的"城里人"身份，与此同时，有近一半的青少年新移民认为自己是"老家人"。此外，还有近三成的青少年新移民觉得自身身份归属无所谓（见表 3）。据此可以推断青少年新移民面临一定程度的身份认同危机。在乡村—城市流动中，青少年"身体"上的地域流动并未带来"身份"上的根本转变。从砖瓦房搬进商品房，实现了经济层面的社会融入，但在与城市生活方式、与城市青少年交际行为等存在较大异质性的情况下，他们对于自我的认知归属在"城市"与"农村"中割裂游离。

表 3　身份认同分析结果

单位：次，%

语句	选项	频数	百分比	累计百分比
我认为自己是城里人	不同意	426	62.0	62.0
	无所谓	184	26.8	88.8
	同意	77	11.2	100.0
我认为自己是老家人	不同意	163	23.7	23.7
	无所谓	182	26.5	50.2
	同意	342	49.8	100.0
合计	—	687	100.0	—

2. 身份认同状况的方差分析

本研究利用方差分析研究民族和搬迁时长对于身份认同的差异性，从表 4 可以看出：不同民族样本对于身份认同表现出 0.05 水平的显著性（$F = 2.563$，$p < 0.05$），具体对比差异可知，汉族与瑶族之间的组别平均值得分有着较为明显差异，汉族青少年的身份认同状况较好。

此外，不同搬迁时长样本对于身份认同表现出 0.001 水平的显著性（$F = 18.691$，$p < 0.001$），表明搬迁时长对其身份认同有显著正向影响，迁入时长越长的青少年身份认同情况会越好。这与刘庆等人的研究结果一致。[45] 根据原生论观点，在迁入地社会中生活的时间越久，新移民越可能形成对迁入地社会的自然依恋性情感，因此，在迁入地居留时间会自然地影响每个新移民的社会记忆，他们无法拒绝。

表 4　民族和搬迁时长的方差分析结果

变量	F			p
	民族（M±SD）			
	汉族（n=302）	瑶族（n=369）		
身份认同	3.10±0.51	2.96±0.51	2.563	0.026 *
	搬迁时长（M±SD）			
	1 年内（n=220）	3~5 年（n=31）	5 年以上（n=372）	18.691	0.000 **
身份认同	2.87±0.47	3.06±0.53	3.13±0.52		

注：* p<0.05，** p<0.01，*** p<0.001。

（二）不同类型媒介使用动机下的路径分析

本研究基于"媒介使用动机—网络社会支持—身份认同"这一路径进行假设检验。检验不同类型的媒介使用动机，对青少年新移民获取网络社会支持的预测情况，以及网络社会支持与身份认同的关系。由于变量之间或变量各维度之间还存在相互影响和相互作用，相关分析无法说明变量间的影响方向和影响作用的大小。为此，本研究在相关分析的基础上，进一步采取结构方程中的路径分析，对研究假设和理论模型依次进行检验，各模型检验的拟合指标如表 5 所示，模型拟合情况较好。

表 5　模型拟合情况

X^2	df	p	卡方自由度比	GFI	RMSEA	RMR	CFI	NFI	NNFI
—	—	>0.05	<3	>0.9	<0.10	<0.05	>0.9	>0.9	>0.9
3.387	3.000	0.336	1.129	0.997	0.014	0.005	1.000	0.997	0.998

注：卡方自由度比、GFI、RMSEA、RMR、CFI、NFI、NNFI 常用于模型拟合状况判定指标。

接着对模型的各条路径进行系统分析。以配对项人际交往动机和网络社会支持为例，二者之间的路径表现出 0.001 的水平的显著性（C. R. = 4.586，p<0.001），因此此路径有效，其影响系数为 0.246。依次加入后续配对项，发现自我呈现动机对网络社会支持有正向预测作用，影响系数为 0.232；网络社会支持对身份认同具有正向预测作用，系数为 0.420；而身份认同与网络社会支持呈负相关关系，系数为 -0.279，表明二者之间存在

互动影响关系。此外，娱乐消遣和信息获取动机对青少年新移民获取网络社会支持没有显著预测作用。汇总路径得到最终拟合模型及结果如表 6 所示，拟合模型路径系数如图 2 所示。

表 6 拟合模型及结果

X		Y	系数	S. E.	C. R.	p
人际交往动机	→	网络社会支持	0.246	0.036	4.586	0.000 ***
信息获取动机	→	网络社会支持	0.037	0.031	0.746	0.456
娱乐消遣动机	→	网络社会支持	0.046	0.032	0.942	0.346
自我呈现动机	→	网络社会支持	0.232	0.035	4.258	0.000 ***
身份认同	→	网络社会支持	-0.279	0.122	-3.126	0.002 **
网络社会支持	→	身份认同	0.420	0.065	4.714	0.000 ***

注：S. E. 为标准误差，C. R. 为组合信度。 * $p < 0.05$， ** $p < 0.01$， *** $p < 0.001$。

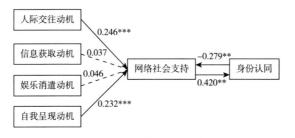

图 2 拟合模型路径系数

（三）网络社会支持的中介效应

研究采用 Hayes 编制的 SPSS 中的 Process 程序进行中介效应检验。首先将三个变量及其所属维度进行均值化处理，再选择 Model4，将置信区间设置为 95%，对路径"媒介使用动机—网络社会支持—身份认同"的中介效应进行检验。

以媒介使用中的人际交往动机为例，第一步，以其为自变量，以身份认同为因变量，得到总体效应 c，其回归系数是显著的（$\beta = 0.073$，$p < 0.05$）；第二步，以网络社会支持为因变量，以人际交往动机为自变量，得到路径 a 的标准化回归系数也是显著的（$\beta = 0.136$，$p < 0.05$）；第三步，以身份认同为因变量，以网络社会支持为自变量，得到路径 b 的标准化回

归系数也是显著的（$\beta=0.074$，$p<0.05$）。中介效应检验情况如表 7 所示。根据检验程序，可知网络社会支持在人际交往动机和身份认同之间具有部分中介效应，其中介效应值为 0.010。依次按照该路径对后续变量进行中介效应检验，可以发现网络社会支持在自我表现动机和身份认同之间发挥完全中介效应，其中介效应值为 0.011。而网络社会支持在娱乐消遣动机和信息获取动机之间没有显著的中介作用。

表 7　中介效应检验情况

项	c 总体效应	a	b	a＊b	c'	检验结论
自我呈现→网络社会支持→身份认同	0.006	0.146**	0.074*	0.011	-0.005	完全中介
娱乐消遣→网络社会支持→身份认同	0.037	0.016	0.074*	0.001	0.035	中介作用不显著
信息获取→网络社会支持→身份认同	-0.009	0.027	0.074*	0.002	-0.011	中介作用不显著
人际交往→网络社会支持→身份认同	0.073**	0.136**	0.074*	0.010	0.063*	部分中介

注：a 为路径 a 的标准化系数，b 为路径 b 的标准化回归系数，a＊b 为中介效应值，c 为直接效应值。＊$p<0.05$，＊＊$p<0.01$，＊＊＊$p<0.001$。

五　结论与讨论

（一）研究主要结论

青少年新移民的身份认同是一种主观的心理认同意愿，最基本的是对本地人身份的认同。本研究从媒介使用动机的研究视角出发，并立足网络社会支持理论考察青少年新移民的身份认同状况，得出以下几点结论。

1. 认同危机："身体"流动并未带来"身份"的根本转变

研究发现，青少年新移民的身份认同状况存在一定危机，不同民族和不同搬迁时长的青少年身份认同存在显著差异。首先，是他们的"城市人"身份认同度比较低，即便他们一部分已经完成户籍转变。这说明青少年新移民源于城乡二元户籍制度的先赋性群体身份较难转变[46]，在乡村—

城市流动中，"身体"上的地域流动并未带来"身份"上的根本转变。此外，他们身份认同模糊的问题突出，社会融合状况不容乐观。说明城里人和老家人的群体差异和边界尚不足以使其进行准确归类，也反映了这种流动居住给他们的社会身份认知造成了困扰。与一般流动人口相比，少数民族流动人口有着流动性和民族性的双重属性：一方面，他们面临与其他流动人口相同的生活压力；另一方面，他们还需要承受因文化特质、族群身份所引致的特殊压力。[47]因此，少数民族青少年新移民的身份认同情况相较于汉族普通青少年更为复杂，其适应状况也比汉族青少年略差。

其次，搬迁时长正向影响青少年身份认同。根据原生论观点，随着他们在城市居留时间的延长，自然产生的依恋情感会越深，双重文化记忆使他们很难重新"回到过去"，更可能实现地域认同和身份认同的转换[48]，在原有文化与新文化之间找到平衡点。

2. 联结：不同媒介使用动机与身份认同的作用机制

整体而言，社交媒体具有凝聚青少年新移民共同体意识、密切人际交往的赋权与联结功能，青少年借助社交媒体可以更有效地适应新环境、学习新知识、获取社会支持，因而有利于他们提高自信或自我效能感，促进心理层面的融入与适应。但是，青少年新移民基于不同动机的社交媒体使用行为对于该群体身份认同产生的后果和机制存在差异，分别有不产生影响、产生影响、通过网络社会支持的中介作用产生影响三种情况。具体分析如下。

首先，青少年新移民获取信息资源、娱乐消遣社交媒体使用动机与身份认同之间的相关性不显著。说明侧重于自我发展、放松的媒介使用在于提升自我能力、缓和学业压力，不太会增进易地搬迁青少年对于本地的认知和身份认同。

其次，青少年新移民人际交往和自我呈现的社交媒体使用动机对其获取网络社会支持有着正向预测作用。移动社交媒体为其人际交往和自我呈现提供了一个方便、快捷的新平台，从而为获取社会支持提供了新的机会。调查显示，智能手机是目前青少年新移民接触和使用率最高的媒体，近半数的学生表示自己平均每天社交媒体使用时长超过 3 个小时，且这一批青少年媒介使用具有明显的偏向性。智能手机的普及深刻地改变了其学习、生活、娱乐方式，他们开始享受与城市青少年无差别的网络媒介内容资源[49]，并通过移动社交媒体快速进行人际交往，这种线上交流已成为线下人际的延伸与补充，为现实人际交往提供了丰富话题和无限可能。这种人际交往的动机越强，也就能够更大程度地获得网络社会支持，帮助其更好地融入新的社会生态。

再次，社交媒体也为这一批青少年新移民进行自我展现提供了有效承载。彭兰教授指出，社交媒体的出现使大众传播渠道重新建立在人际传播网络之上。在网络世界中，社交媒体为其提供了一种虚拟的"共在"方式，而积极的自我呈现则是这种社会交往的开始。青少年通过朋友圈、QQ空间等虚拟社区的分享、转发、评论进行自我形象的建构，通过这种自我呈现让他人形成对自己的良好印象，进一步拓展其人际关系。在这种情境下，青少年通过社交媒体获得社会支持也成为可能，并且他们获取的社会支持也能够促进他们的身份认同与归属。

最后，网络社会支持正向预测身份认同，并且在人际交往动机及自我表现动机与身份认同之间发挥中介作用。表明青少年新移民在社交媒体中的互动交流以及自我呈现动机通过网络社会支持状况正向预测身份认同。也即在社交媒体中的互动交流的行为越频繁、自我表露与呈现动机越高的青少年，更倾向于认同自己"本地人"的身份。原因在于他们通过在线交流以及自我呈现行为等能够在较大程度上拓展其网络社会支持资源，并可通过一种感知的网络社会支持程度的提高强化其身份认同。因此，媒介使用在帮助个体获得稳定的网络社会支持的同时，也促进了他们内化角色和认同身份，其拓展出的网络社会支持资源对于青少年认同感和归属感的提升都有十分积极的意义。

3. 聚合：网络社会支持与身份认同"共生"连接

网络社会支持和青少年新移民身份认同之间存在交互影响作用。网络社会支持已成为现实社会支持的重要补充，是个体在虚拟空间的人际交往、信息交流的过程中被理解、尊重时所获得的认同感和归属感。本研究一方面揭示了网络社会支持对青少年新移民的身份认同重要的预测作用。另一方面，也发现青少年新移民的网络社会支持与身份认同之间不是简单的因果关系，而是一种互动关系，即身份认同对网络社会支持起到负向预测作用。据此可推测，身份认同感较弱的青少年，更可能具有寻求网络社会支持的倾向，这与社会网络补偿理论是一致的。社交媒体具有的心理补偿作用，可以满足青少年不同层次的心理需求，补偿其在现实交往中未能满足的需要。[50]从而促使缺乏认同感的个体运用新的在线交流机会建立人际关系，寻求他们无法在现实生活中实现的支持性的人际交往，获得充分的网络社会支持。由此，网络社会支持与其身份认同随之发展成为一种"你中有我，我中有你"的内在"共生"连接。

（二）研究讨论

社交媒体作为嵌入被研究对象日常生活中的信息工具，追寻其作用和价值，应该将其还原到研究对象所处的特定时空中，以经验的手段获取他们的意义建构实践。本研究从媒介使用动机这一"媒介机制"出发，考察了社交媒体时代青少年新移民社交媒体使用对其身份认同的影响机制。网络社会支持是本研究遵循的"认知—情感—行为"结构的关键环节。媒介使用动机反映了青少年新移民群体在接触媒介过程中的情感和态度取向，再通过其获取的网络社会支持不断地调节和强化，对身份认同产生重要影响。同时，他们的网络社会支持与身份认同之间也存在一种互动关系，身份认同感较弱的青少年更有寻求网络社会支持的倾向。本研究厘清了青少年的社交媒体使用与其身份认同之间的关系，以及通过网络社会支持所产生的间接联系。一方面拓展了新媒体使用的效果维度，呈现了社交媒体具备的边缘赋权价值；另一方面也明确了身份认同所赖以形成的特定的媒介环境与支持体系。

当然，本研究也存在一些不足。首先，本研究的样本全部源自西部地区，并且未执行严格的概率抽样，难以反应政策性新移民心理融入的全貌。其次，关于新移民身份认同和心理融入的测量方法目前尚未达成一致，虽然不会对研究结果产生本质影响，但是仍然存在一定程度的偏差。最后，本研究仅仅分析了移动社交媒体使用行为对青少年新移民身份认同的影响及中介作用过程，而忽视了传统社交媒体使用行为以及一些线下社会活动对他们获取社会支持的影响，这些都有待于通过更翔实的质性研究和长期跟踪实验去进一步验证。

参考文献

[1] 张文宏，雷开春. 城市新移民社会认同的结构模型 [J]. 社会学研究，2009（4）：61-87+243-244.

[2] 梁晓燕. 网络社会支持对青少年心理健康的影响机制研究 [D]. 武汉：华中

师范大学，2008.

　　[3] 乔同舟．"媒体与移民身份认同"研究：从西方经验到中国语境——以农民工为重点的文献考察 [J]．华中农业大学学报（社会科学版），2014（4）：83-91.

　　[4] 张明新，杨梅，周煜．城市新移民的传播形态与社区归属感——以武汉市为例的经验研究 [J]．新闻与传播评论，2009（0）：82-94+259+267-268.

　　[5] Katz, E., Blumler, J. G., Gurevitch, M. *Utilization of Mass Communication by the Individual* [M]．1974.

　　[6] Palmgreen, P., Wenner, L. A., et al. Relations between Gratifications Sought and Obtained：A Study of Television News [J]．*Communication Research*，1980，7（2）：161-192.

　　[7] 陈苗苗．青少年新媒介"使用—满足"动机与新媒介素养观 [J]．国际新闻界，2009（6）：73-77+95.

　　[8] Hampton, Keith N., Wellman, B. *The Not So Global Village of Netville* [M]．John Wiley & Sons, 2002.

　　[9] Subrahmanyam, K., Smahel, D. *Digital Youth：The Role of Media in Development* [M]．New York, NY：Springer, 2011.

　　[10] Buote, V. M., Wood, E., Pratt, M. Exploring Similarities and Differences between online and Offline Friendships：the Role of Attachment Style [J]．*Computers in Human Behavior*，25（2）：560-567.

　　[11] 钟瑛，邵晓．新媒体使用对城市新移民与本地居民社会距离的影响研究——基于心理资本中介作用的分析 [J]．新闻大学，2021（1）：75-88+120.

　　[12] Atchley. *Social Force and Aging* [M]．California：Wadsworth Publishing Company, 1985.

　　[13] 肖水源，杨德森．社会支持对身心健康的影响 [J]．中国心理卫生杂志，1987（4）：183-187.

　　[14] 陈成文，潘泽泉．论社会支持的社会学意义 [J]．湖南师范大学社会科学学报，2000（6）：25-31.

　　[15] Ceglarek, P. J., Ward, L. M. A Tool for Help or Harm? How Associations between Social Networking Use, Social Support, and Mental Health Differ for Sexual Minority and Heterosexual Youth [J]．*Computers in Human Behavior*，2016（65）：201-209.

　　[16] Valkenburg, P. M., Peter, J., Schouten, A. P. Friend Networking Sites and Their Relationship to Adolescents' Well-being and Social Self-esteem [J]．*CyberPsychology & Behavior*，2006，9（5）：584-590.

　　[17] Murphy, M., Morganklein, B. An Overview of Research on Widening Access to Higher Education [J]．*School of Education*，2001.

　　[18] 郭小安．网络民主的概念界定及辨析 [J]．天津行政学院学报，2009（3）：24-31.

　　[19] 喻国明，马慧．互联网时代的新权力范式："关系赋权"——"连接一切"

场景下的社会关系的重组与权力格局的变迁［J］.国际新闻界，2016（10）：6-27.

［20］景永昇，李瑛.大学生网络社会支持和现实社会支持的关系研究［J］.中国健康心理学杂志，2012（5）：777-779.

［21］池思晓，龚文进.大学生网络人际信任与网络社会支持的关系［J］.中国健康心理学杂志，2011（1）：94-96.

［22］梁栋青.大学生网络社会支持与主观幸福感的相关研究［J］.中国健康心理学杂志，2011（8）：1013-1015.

［23］宋广文，孔芳，刘美婷，袁小帆.大学生孤独感在社会支持与网络成瘾倾向间的中介作用［J］.中国临床心理学杂志，2010（3）：331-333.

［24］陈成文，孙嘉悦.社会融入：一个概念的社会学意义［J］.湖南师范大学社会科学学报，2012（6）：66-71.

［25］任远，邬民乐.城市流动人口的社会融合［J］.人口研究，2006（3）：87-94.

［26］王晓莹，罗教讲.农民工的社会支持、社会参与和身份认同［J］.中国劳动关系学院学报，2017（2）：10-18.

［27］李艳霞，苏文，江琦.流动儿童的师生关系与城市人角色认同：社会支持的中介作用［J］.西南农业大学学报（社会科学版），2012（6）：178-182.

［28］王真真，王相飞.虚拟社群跑者的社群参与度对其身份认同的影响——感知线上社会支持的中介作用［J］.北京体育大学学报，2021（8）：54-64.

［29］袁爱清，黄晓青.媒介赋权下新生代农民工幸福感及影响因素研究［J］.青年发展论坛，2021（6）：48-59.

［30］方晓恬，窦少舸.新生代农民工在网络游戏中建构的身份认同——基于对13位《王者荣耀》新生代农民工玩家的访谈［J］.中国青年研究，2018（11）：56-61.

［31］Eastin, M. S., Larose, R. Alt. support：Modeling Social Support Online［J］. *Computers in Human Behavior*, 2005, 21（6）：977-992.

［32］Burke, M., Kraut, Robert, E. The Relationship Between Facebook Use and Well-Being Depends on Communication Type and Tie Strength［J］. *Journal of Computer-Mediated Communication*, 2016, 21（4）.

［33］Indian, M., Grieve, R. When Facebook is Easier than Face-to-face：Social Support Derived from Facebook in Socially Anxious Individuals［J］. *Personality and Individual Differences*, 2014, 59：102-106.

［34］Misoch, S. Stranger on the Internet：Online Self-disclosure and the Role of Visual Anonymity［J］. *Computers in Human Behavior*, 2015, 48：535-541.

［35］陶玲霞，程素萍.大学生网络社会支持与主观幸福感的关系：自尊的中介作用［J］.中国健康心理学杂志，2018（1）：109-114.

［36］杨秀娟，周宗奎，孙晓军等.社交网站积极自我呈现与青少年抑郁：链式中介效应分析［J］.中国临床心理学杂志，2017（3）：489-493.

［37］陈志勇，丘文福，叶一舵．社交媒体上的自我表现对大学生幸福感的影响：网络社会支持的中介作用［J］.玉林师范学院学报，2016（3）：132-137.

［38］王伟，王兴超，雷雳，付晓洁．移动社交媒介使用行为对青少年友谊质量的影响：网络自我表露和网络社会支持的中介作用［J］.心理科学，2017（4）：870-877.

［39］杨逐原，陈莉．流动的异乡：网络空间中的身份认同［J］.青年记者，2019（6）：28-29.

［40］陈韵博．新媒体赋权：新生代农民工对 QQ 的使用与满足研究［J］.当代青年研究，2011（8）：22-25.

［41］宋双峰，方晓恬，窦少舸．从娱乐到表达——新生代农民工基于短视频媒介形象建构的身份认同［J］.新闻春秋，2020（4）：79-86.

［42］赵欢欢，张和云，刘勤学等．大学生特质移情与网络利他行为：网络社会支持的中介效应［J］.心理发展与教育，2012（5）：478-486.

［43］韦路，陈稳．城市新移民社交媒体使用与主观幸福感研究［J］.国际新闻界，2015（1）：114-130.

［44］高传智．共同体与"内卷化"悖论：新生代农民工城市融入中的社交媒体赋权［J］.现代传播（中国传媒大学学报），2018（8）：141-148.

［45］刘庆，冯兰．流动儿童身份认同的结构、现状与影响因素分析——基于武汉市的实证调查［J］.人文地理，2014（5）：25-30.

［46］刘红升，靳小怡．农村流动儿童的身份认同及其影响因素研究——基于深圳市流动儿童调查数据的分析［J］.华中农业大学学报（社会科学版），2018（6）：112-122+157.

［47］刘文博．流动人口的身份认同：文献综述与研究展望［J］.北京科技大学学报（社会科学版），2021（3）：299-306.

［48］左岫仙，青觉．城市少数民族流动人口身份认同困境及治理［J］.贵州民族研究，2017（4）：44-50.

［49］万新娜．偏向与沉迷：农村青少年媒介接触与使用状况——对汪桥镇的实证调研［J］.青年记者，2019（35）：34-35.

［50］万晶晶，张锦涛，刘勤学等．大学生心理需求网络满足问卷的编制［J］.心理与行为研究，2010（2）：118-125.

"逆差序格局"：快手对乡村社会关系与权力的变革

——基于 z 村的田野调查

刘晓鑫*

摘　要： 快手作为"下沉式"社交平台嵌入乡村社会，逐步打破乡村居民"日出而作，日落而息"的传统生活节奏，成为乡村居民构建社会关系的新场所。本文通过深度访谈，试图跳出乡村短视频内容的研究框架，致力于探索快手如何嵌入乡村地区、给乡村用户的社会关系带来了哪些变化，以及导致了怎样的权力调整。研究发现，快手短视频赋予乡村用户展演与参与的权利，但也存在"流量黑洞"对于乡村文化的反向规训问题。快手在乡村社会中的"弱关系"受到现实关系的牵绊。同时过往研究所说的文化反哺现象在乡村社会并不显著，"长老"的社会资本依然存在。

关键词： 快手；乡村社会；权力重构；逆差序格局

"The Pattern of Deficit Order": Quick Change of Rural Social Relations and Power

—Based on the Field Survey of Village z

Xiaoxin Liu

[**Abstract**] New media has broken the traditional life rhythm of "work at sunrise and rest at sunset" in rural society, and Kuaishou is embedded in rural society as a social platform. Through in-depth interviews, this paper attempts to

---

＊　刘晓鑫，吉林大学文学院新闻学硕士生。

jump out of the research framework of rural short video content, and is dedicated to exploring how Kuaishou is embedded in rural areas, what changes have been brought to the social relations of rural users, and what power adjustments have resulted. The study found that Kuaishou short videos give rural users the right to perform and participate, but there is also the problem of reverse discipline of rural culture by traffic black holes. Kuaishou's "weak ties" in rural society are hampered by real relationships. At the same time, the phenomenon of cultural feedback mentioned in past research is not significant in rural society, and the social capital of "elders" still exists.

[**Keywords**] Kuaishou; Rural Society; Power Reconstruction; The Pattern of Deficit Order

一 问题提出

中国互联网络信息中心（CNNIC）发布的第 50 次《中国互联网络发展状况统计报告》显示，截至 2022 年 6 月，我国农村网民规模为 2.93 亿人，农村地区互联网普及率达 58.8%。[1]大规模的用户及移动设备的便携性极大地改变了人与媒介的关系，移动媒体已经不再是仅供观看的仪式化媒介，而是嵌入用户的日常生活，其中以快手为代表的短视频以其强大的渗透力使中国乡土社会浸润于网络构建的"媒介化场景"。在城乡规划背景下，村民集体搬迁到规划小区，原始村落中的记忆实体消失，基于地缘的集合体也逐渐淡化。但是依赖短视频平台，分居各地的村民能够实现跨越时空的"返乡"，基于趣缘的乡村群体有"再部落化"的趋势。

近年来，关于乡村短视频内容的研究以及乡村社会转型变迁的研究较多，一方面是因为村落相对于统一化的城市发展，在社会、政治、习俗、宗教等方面有其独特的传统，展现出与大众化生活不同的情景；另一方面，随着技术的快速发展，乡村地区的物理空间与文化空间均发生较大变化，村庄主动或被动地被社会的发展浪潮裹挟，在社会变迁与传统观念的双重影响下呈现新的社会关系。首先，过往关于短视频的研究大多集中在视频内容的分析上，从宏观视角上分析短视频进入乡村后对社会关系影响的研究较少；其次，乡村地区有其特殊性，很多关于快手社会功能的研究没能具体到乡村语境，部分新媒体带来的现象如文化反哺在乡村社会并不一定适用。因此，本文致力于探索快手嵌入乡村地区后，乡村用户的社会关系有哪些变化？过去乡村社会的权力在当下是否真的被颠覆，或是有怎样的调整？

二　快手何以进入乡村社会

（一）有限的经验：礼治社会的基础瓦解

乡土社会秩序的维持依靠"礼治"，即社会公认的行为规范，而礼治的前提是传统的经验足以应对全部的社会问题。在安土重迁的乡土社会，前人的经验可以作为下一代生活的指南。因为社会的稳定性，传统的经验足以解决当下问题。村民对于传统有着敬畏之感，因此礼可以用来维持社会秩序。但是在新技术发展、社会快速变迁的过程中，传统经验明显无力应对新问题、新情境。礼治社会的基础逐步瓦解，村民渴望寻求新的信息接收渠道、接受新的生活方式，因此乡村地区对于新媒介形式有一定的需求。

费孝通在《乡土中国》中提出传统的村落基于血缘与地缘以及稳定的社会关系，形成以"己"为中心的差序格局。而当快手等新媒体延伸至村落，乡土社会的稳定关系融入了现代社会的流动性，地缘和血缘难以框定当下的乡村社会关系[2]，现实的社会关系与新媒体平台的虚拟关系相互叠合，甚至村民在快手中更加关注"远方"而忽略"附近"。从这个角度来看，乡村社会关系已经发生了颠覆性变化，并呈现"逆差序格局"的趋势。当然这里指的"逆差序格局"并非个体不注重周边关系，而是与传统社会紧密的地缘和血缘连接相比，新媒体平台使远近的疏密程度发生了转变。

（二）平台优势：全链条扩张与生活气息

在众多新媒体平台中，快手何以脱颖而出，快速嵌入乡村地区的日常生活？从技术角度来看，快手界面上只有"发现"、"同城"和"关注"，这种大而化之的呈现形式与快手的宗旨"记录每一种生活"相契合，每一个参与者都以主角的身份发布内容甚至可以构建起自己的展演舞台，快手的定位非常宽泛，我们难以用"真人秀"、"土味"或"时尚"来完全定义快手平台上的视频。快手平台并不能作为一个艺术舞台呈现精致与美感，而是作为普通生命的叙事影像记录平台，扑面而来的生活气息是快手嵌入乡村社会的底层逻辑。

另外，快手集社交、娱乐与消费功能于一体，成为内容生产与传播的"超级中心"，这意味着用户更容易被固化在平台里。快手完成了内容、社交、服务的全链条扩张，快手小店开辟消费专区，视频内容涵盖新闻资讯、日常生活与科普知识等，私信好友与公开评论功能用户社交。虽然功能不如专门的聊天或购物平台全面，但是对于乡村用户来说，这些简单的功能已经可以满足其多元化的需求，从而巩固了快手短视频在乡村地区的主流地位。

三　研究方法

本文关注的是快手进入乡村地区之后，村民之间关系的变化，从传播学的视角解读"媒介化"背景下乡村关系与权力的调整。本研究选择了河北省张家口市 z 村作为研究对象，研究涉及村民日常媒介使用情况，在材料收集时采用深度访谈和参与式观察的方法，同时配合问卷调查进行量化研究分析。因为当下乡村地区的年轻群体大量外流，因此主要的研究对象是中年群体，年龄在 40~65 岁。

在调查中，本研究对 17 位经常使用快手的村民进行 60~90 分钟的半结构式访谈，男性 7 人、女性 10 人，其中包括 6 对夫妻，从中也发现了快手使用对亲密关系的影响。访谈内容包括快手使用时间、使用感受、生活问题和人际关系。另外，本研究对 2 位"乡村网红"进行了深度访谈，访谈内容包括拍摄素材、创作动机以及生活状态。

因为调查地区原因，访谈对象的受教育水平较低，并且访谈主要通过方言交流，有些地方存在语言转化的问题，同时对于一些较为敏感的问题，受访者会回避或模糊回答。另外，为保护访谈对象的个人隐私，文中对所有访谈对象做匿名化处理。访谈对象的基本情况见表 1。

表 1　访谈对象的基本情况

编号	性别	年龄	职业	受教育水平	备注
普通用户					
A1	男	55	农民	小学	夫妻
A2	女	54	厨师	初中	
A3	女	65	农民	无	—
A4	男	58	商人	初中	夫妻
A5	女	55	商人	小学	
A6	男	60	农民	初中	夫妻
A7	女	57	农民	小学	
A8	男	54	汽修工	初中	夫妻
A9	女	57	农民	小学	
A10	男	63	无	小学	—
A11	男	48	卡车司机	无	夫妻
A12	女	49	理发师	高中	
A13	女	51	农民	小学	—
A14	女	46	教师	大专	—
A15	女	56	农民	高中	—
A16	男	59	农民	小学	夫妻
A17	女	61	农民	小学	
网红主播					
M1	女	49	主播	高中	—
M2	女	52	主播	小学	—

四　关系转变："附近"与"远方"的重新定义

人的本质是社会关系的总和，中国传统乡村社会是一个伦理本位的关系社会，z 村社会资本的运转主要依赖村子里熟人社会的关系圈层，如蜘蛛网一般，呈现以个人为中心，向家庭、集体拓展的差序格局。快手作为新的信息接收与社交平台，深深嵌入乡村的社会关系网络，网络用户在虚拟世界中普遍处于脱域的状态，一定程度上拓展了弱关系，延伸了社交的

"蜘蛛网"，但中心部分的网络却愈加脆弱。[3]并且乡村地区的网络社群并非完全基于趣缘超脱现实，现实关系与利益因素在其中起到牵制作用。

（一）附近的消失：强关系趋向松散

美国学者格兰诺维特提出强弱关系的概念，并解释了衡量关系强弱的四个指标：互动频率、情感强度、亲密关系、互惠交换。双方互动频率高，关系亲密，且能够对各自的情感产生影响的即为强关系，反之则为弱关系。在以地缘为基础的传统社会，个体的交流大多围绕着强关系进行。强关系能够给人切实、持续且强大的支持，传统乡村社会一直处于强关系连接中，给个体带来一定的现实压力，虚拟空间能够让乡村群体暂时脱离现实中的凌乱关系，观看别人的家庭生活，享受第三人视角的轻松而不必为视频中的生活问题所苦恼。受访者讲到"我经常看二黑小，他妈妈半俏不俏（智力不高），他爹还有病，整个家全靠他撑着，和人家一比咱这点烦心事也不算啥"。（A6）可以发现他们关注一些弱势群体并不是追寻当下所谓的审丑文化，而是希望从视频中获得宽慰，因为生活环境的相似性，乡村群体很容易与视频中的人产生共鸣，而"他者"的问题却不是真切地落在自己身上，相比之下，他能够对自己当下的生活感到轻松与知足。互联网提供了舒适的"浅层社交"与"远处观望"，为他们剔除了种种现实中的复杂和牵绊，但是与城市中的观看者不同的是，乡村用户基于乡村社会的道德框架观看他人生活，并将视频内容代入生活。因此，快手短视频的价值观输出，更容易影响乡村用户。

同时，线上关系和线下关系是一种零和博弈，不少实证研究表明，人们投入互联网的时间不可避免地会占用现实生活中的社会交往时间。在观察中也有不少家庭矛盾是因为夫妻对于快手的看法不同而导致的。"看快手耽误干活""一看那玩意连饭都顾不上做"等抱怨大多出现在男性群体中，他们虽然也是快手的使用者，但是调查数据显示，女性的使用时间明显多于男性，在是否支持配偶使用快手并发布视频的问题上，71%的男性村民不情愿妻子将大量的时间花在快手上，更不支持妻子创作和发布快手视频。而女性村民不支持配偶使用快手的比例仅占 30%。

在访谈中也发现，在很多家庭中，电视的地位已经被手机部分取代，电视是仪式性的集体观看的媒介，而手机是私人媒介，过去一起看电视是家庭成员沟通和联络情感的重要渠道，而现在是各自对着手机屏幕，甚至戴上耳机，互不干扰，这一变化也不可避免地导致亲密关系的疏离。乡村的快手用户被视频中"他人"的事情所吸引，不管是出于主动还是被动，对身边琐事与亲密关系的关注逐渐减少。人们沉浸远方乡土光怪陆离的影像之时，也越来越不关心身边的地方，即人类学家项飙所言的"附近的消失"。

（二）模糊的远方：泛地方化与"半液态"部落

中国传统乡土社会的单位是村落，农民聚村而居，村与村之间隔绝和孤立，对于村民来说，村子的观念及其明确，各村的地理与人文环境有较大不同，比如坝上与坝下的区别，地方与特定的人群绑定在一起。而在城镇化进程中，不少村落被迫解体，不同村落成为一个模糊的整体，与城市相对。在原来的村子搬迁之后，农村个体对于家园归属感和嵌入关系的渴求更大，人们试图通过网络社区重组"家元共同体"。[4]因此，传统带着区隔和排斥意味的村本观念已逐渐淡化，快手的乡村短视频都不约而同地隐去地方名称，以模糊的方位特征达成多地方文本的互文，实现"泛地方化"的传达。

这里的"泛地方化"并不等同于将农村概念化为世外桃源般的高雅之地或是毫无立法的粗俗之乡，这些概念化的农村视频其实并不会吸引农村用户。在访谈中发现，z村村民经常观看的短视频创作者并不是我们想象中的乡村短视频代表者，如"李子柒""张同学""华农兄弟"，村民甚至对这些大流量的网红感到陌生，当向他们展示这些具有代表性的乡村短视频时，他们对于视频中展现的内容并没有太大兴趣。"这不是咱们这边吧，这么干净，这哪是农村呀，连声牛叫都没有。"（A11）显然当前大流量的乡村视频展现的是大众想象中的农村，用当地人的话来说，连声牛叫都没有，怎么能是乡村。而当地村民的兴趣多集中在更加真实的生活直播，或者当地的艺术展演中。例如，博主"芳芳"是一个在乡村生活的残疾人，拍摄的是自己的日常起居；"小站""三树林""王晓燕"等博主，都直播演唱当地的小调。这些视频都具有较强的风格化并且几乎是不加修饰的。在此，"泛地方化"是隐去了具体村落之间的区隔，以广泛的地域性文化召唤用户的文化情感。

鲍曼（Zygmunt Bauman）认为，共同体被寄予了"避难所"的期待——人们为摆脱现实中的孤独或逃离现实的羁绊，会把网络中的"避难所"视为超然于现实的乌托邦[5]，人们试图建立一个可以将自己从日常烦恼中拯救出来的精神世界。相比于局限在现实地理关系的村落，快手短视频中的"粉丝团"作为趣缘群体，确实为人们提供了不同关系模式的聚合以及弱连接拓展的渠道。但在地缘传统深厚的乡村地区，这种超脱现实的乌托邦难以形成，村民对于快手的使用并不完全基于趣缘，而是考虑将其对换成现实的资产。且乡村道德传统依旧影响着村民对快手内容的接纳，人们处处顾及现实因素，乡村网络社群更偏向彭兰老师提到的"半液态"特征。[6]如访谈中一些村民通过快手关注养牛社群，其目的是达成交易关系，一旦交易完成或利益受损，他们会立刻退出社群，而这种进入与退出完全是基于现实考量和经济因素。在对农村网红主播的访谈中，她们也强调拍摄视频其实是出于经济因素的考量。

五　权力重构：赋权、去权与分层

不管是以地缘、血缘为基础的传统乡村，还是当下被技术改变的媒介社会，乡村都不仅仅是一个地理空间，其中盘错着各种资源与社会关系，因此本文借用布尔迪厄（Pierre Bourdieu）的观点，将乡村社会看作"场域"。[7]从传统村落到现代乡村，乡土社会都存在一个权利场域，而传播媒介带来了社会资源的转移，引发乡村权利关系的变迁。郭建斌在阐释独龙族村子的"媒介场域"时，也借用了"权利的文化网络"概念[8]，快手最大的社会功能就是不断消弭曾经所谓的阶层乃至阶级意识，以及在个人生活背景下的结构性差异和分化。因此，本文在关注到社会关系改变之后，进一步探索其背后的权利关系。

（一）赋权：参与者与策展人的身份交替

乡村的许多习俗依靠人与人之间的熟知和了解维系，乡村内部的秩序也是依靠多年的交往感情和强烈的向心力而存在，这与现代社会所讲的规则和契约精神产生了冲突。因此，在城市中心主义驱动下，媒体极力展示着城市生活的便利与舒适以及乡村生活的落后与低俗，却掩盖了农村的风俗文化以及城市生活的焦虑，导致乡村居民在城市化进程中不断被边缘化。

显而易见，新媒体的互动机制让村民从大众媒体时代的观看者变成新媒体时代的参与者，这不仅仅是技术赋权的结果，更重要的是媒体内容的下沉。传统媒体展示的城市场景对村民来说有很强的距离感，只能作为其认知外界的窗口，而其中展现的乡村生活与现实情境也大相径庭。但主张"记录每一种生活"的快手，能够交汇和传递众多真实的乡村影像，为村民提供参与的可能。

同时，快手短视频用户在参与者与策展人的双重身份中相互转化。借助戈夫曼的拟剧理论，乡村短视频的拍摄与传播即是一场戏剧展演，拍摄者通过生活中的意向构建起表演空间，观者以自身的数据以及浏览、转发、评论、点赞等活动实现虚拟身份的在场，与展演者共同搭建起表演舞台，呈现表演仪式。

另外，"快手"社区强调人人平等，在视频的推荐算法中引入"GDP+基尼系数"，在推荐中控制每一个视频的曝光量，保证不会产生太大的流量差距，限制过高曝光量，保护普通用户的发声机会。因此，快手的算法有意无意地催生了乡村传播中的替代性媒介，替代性媒介是相对于主流媒体而言的。替代性媒介具有促进社会信息公平流动、赋权弱势群体、创造社会平等的文化和促进社会可持续性发展的功能。

（二）去权：流量对乡村文化的反规训

基于以上分析，可以看到在技术赋权和内容下沉的双重条件下，乡村用户拥有参与展演并且被看见的权利，但是流量裹挟中，真实乡村图景是否真的被展示出来，村民是否真正拥有被看见的机会，仍然值得深思。

如前文所述，乡村共同体的形成一开始就是"半液态"的，用户与拍摄者都存在对现实顾虑与经济因素的考量，"流量"以象征资本的方式参与经济资本、文化资本的转换，媒介素养不足的村民大多难以理解其背后的数据逻辑，而拍摄者只关注其曝光量与阅读量，对于流量的追求逐渐异化为"流量焦虑"与"流量规训"，反制着乡村视频的生产。同时，快手中乡村题材视频的同质化问题尤为严重，先行展演的创作者对后面展演的创作者形成流量压力，导致乡村视频跟随资本投入的高曝光视频进行创作，因此快手中高曝光内容的创作与村民生活的真实需求之间依然存在冲突与矛盾，从这一层面来看，乡村用户仍然处在被规训、被想象的困境中。

（三）分层：长老政治与新鲜资源的纠葛

在环境变化较少的社会中，文化是稳定的，人们生活在一个完全由传统规定的社会中，而这个社会可以没有政治，只需要有教化。乡土社会在继替过程中产生的教化性的权力，即长老权力。[2]教化权力维持着长久稳定的文化，但被教化者并没有选择的机会，他学习的社会经验是先于他存在的，是年长者的经验积累。[9]在 z 村，这种权力也是显而易见的，并且在亲子关系以及家族中尤为明显。z 村人口流动性较小，在访谈中发现不少夫妻都是村子里土生土长的，因此一个村子里形成了几个较大的家族，以"赵"家和"高"家为主。村庄里权力的大小几乎是按照年纪长幼、经验多少来分配的。

快手给乡村注入了新鲜血液，40~50 岁的中年群体相比于老年群体更容易接受新鲜事物，但是不少研究中所说的文化反哺现象，即中年群体对老年群体的新媒介文化传播却并不显著。不可否认，青年群体与他们的父母之间确实存在文化反哺现象，因为中年群体作为数字移民，有至少一半的经历浸润在新媒介中，他们有学习新技术的渴望，因此青年群体有机会向中年群体传播新技术的相关知识从而形成文化反哺。但是访谈发现，乡村中年群体并没有机会向他们的父母辈传递知识，因为乡村老年群体几乎对新技术没有需求，就精神层面而言，他们仍然生活在传统社会中，依然坚信长老教化的可靠性，维护自己的权威。因此，快手并没有给乡村中年群体带来过多的权利资本。由于乡村地区的特殊性，许多经验并不是普适性的快手短视频能够解决的，还是要诉诸年长者，因此长老政治依然存在。基于此，乡村中形成了传统长老政治与新鲜资源相互纠葛的文化奇观，二者之间并非完全断裂，而是形成两种文化的"互哺"。

六　总结与讨论

媒介不仅是一种技术形式，也是一种生态，从广播电视等大众媒介到短视频媒介发生了从中介化到媒介化的蜕变，给媒介用户的日常生活、社交关系乃至社会制度都带来了变革与调整。本文聚焦快手，通过对其界面设置、风格特色以及乡村社会变迁的分析，试图解释其进入乡村地区的原因。对于乡村用户来说，快手不仅是连接乡村与外界的信息窗口，也是他们展演的舞台。

通过对 z 村 17 位村民和 2 位主播的深度访谈，发现对于媒介化进程中出现的普遍现象，在乡村地区表现出特殊性，这一方面和乡村地区原有的社会传统观念有关，另一方面也和当地的发展水平和村民的媒介素养息息相关。研究得出以下结论与思考。

首先，在总结快手驱动下的社会关系变革时，本文试图用"逆差序格局"来概括，这里绝非否认中国社会的差序格局，而是说在快手搭建的虚拟世界中，乡村用户开始关注"远方"，延伸弱连接关系，而导致基于地缘的强关系与亲密关系有所疏离。但是研究发现，乡村用户使用快手进入虚拟社区并不是完全基于趣缘，也考虑利益和经济因素，"脱域"的程度较低。在乡村集体搬迁的背景下，一方面乡村群体带着"泛地方化"的观念渴望加入"想象的家元共同体"；另一方面，弱关系的拓展受到现实关系的牵绊，现实因素阻碍了快手中网络社群的流动性，倾向于"半液态"的部落。

其次，快手以其包容性和低门槛性，在一定程度上纠正了"城市中心主义"，给予了乡村用户发声的机会，但是在过载的信息以及流量逻辑的压制下，乡村用户还是处于被规训的困境中。网络中的"乡村网红"展现了部分乡村文化，但我们惊讶地发现，这些真正的乡村用户并不了解"乡村网红"，甚至认为他们的内容不具真实性。如何让乡土文化与乡村的公众真正被看到，是未来需要深入研究的课题。

最后，文化反哺是文化变迁时代下得出的普适性结论。新媒体的介入以及各种平台不同的使用方法，导致两代人或三代人之间产生知识、文化乃至价值观念上的差异。本研究发现，受到乡土社会长老教化传统的影响，中年村民对其父辈传播新知识的意识不强，并且老年群体也并没有融入新媒体的强烈意愿。由于地域的特殊性，经验性的问题依然要请教"长老"，因此长老政治占有较大的分量。不可否认，文化反哺是提升乡村公众媒介素养、形成文明风尚的助推力，甚至能够寻找乡村经济增长点，实现资源的双向流动，促进乡村振兴。因此，以 z 村为代表的农村地区亟须找到长老政治与文化反哺之间的平衡点。

参考文献

［1］中国互联网络信息中心．第 50 次中国互联网络发展状况统计报告［R/OL］．www. cnnic. net. cn/NMediaFile/2022/0926/MAIN1664183425619U2MS433V3V. pdf.

［2］费孝通．乡土中国［M］．上海：上海人民出版社，2006：29-40.

［3］李红艳，冉学平：以"乡土"为媒：熟人社会内外的信息传播［J］．现代传播（中国传媒大学学报），2022（1）：19-28.

［4］郭建斌，电视下乡：社会转型期大众传媒与少数民族社区——独龙江个案的民族志阐释［D］．上海：复旦大学，2003.

［5］〔英〕齐格蒙特·鲍曼．怀旧的乌托邦［M］．姚伟等，译．北京：中国人民大学出版社，2018：231.

［6］彭兰．"液态""半液态""气态"：网络共同体的"三态"［J］．国际新闻界，2020（10）：31-47.

［7］〔法〕皮埃尔·布迪厄，〔美〕华康德．实践与反思——反思社会学导引［M］．李猛，李康，译．北京：中央编译出版社，1998：246-269.

［8］杜鹏．熟人社会的阶层分化：动力机制与阶层秩序［J］．社会学评论，2019（1）：65-74.

［9］费孝通．江村经济［M］．北京：商务印书馆，2001：91-99.

公共传播

企业参与减贫的动力机制、内在逻辑及实践向度[*]

刘庆华^{**}

摘　要：本文探析了企业参与减贫的行为属性。从内在动机来看，企业参与减贫存在伦理视角、社会责任视角和贫困视角三种动力机制。从企业参与减贫的演进过程来看，经历了从向穷人提供基本商品和服务、与穷人进行商业合作到进行可持续减贫三个阶段，并呈现让穷人成为生产者、消费者和小规模企业家的三重实践向度。

关键词：反贫困；减贫；贫困治理

The Dynamic Mechanism, Logic and Practical Dimension of Enterprise Participation in Poverty Reduction in the Post-poverty Alleviation Era

Qinghua Liu

[**Abstract**] This paper analyzes the behavior attribute of enterprise participation in poverty reduction. From the perspective of intrinsic motivation, there are three dynamic mechanisms of enterprise participation in poverty reduction: ethical perspective, social responsibility perspective and poverty perspective. From the perspective of the evolution process of enterprises' participation in poverty reduction, it has gone through three stages, from

* 本文系 2023 年度河南省重点研发与推广专项（软科学）项目"乡村振兴背景下网络视频直播与河南农产品品牌化推进方略研究"（编号：232400410115）的研究成果。
** 刘庆华，博士，河南工业大学新闻与传播学院讲师。

providing basic goods and services to the poor, conducting business cooperation with the poor to sustainable poverty reduction, and presents a three-pronged practical dimension for the poor to become producers, consumers and small-scale entrepreneurs.

[**Keywords**] Anti-Poverty; Poverty Reduction; Poverty Governance

一　提出问题

我国区域性整体贫困问题得到基本解决，"现行标准下农村贫困人口"实现脱贫，原发性绝对贫困问题的弱化并不意味着贫困在我国的消失和反贫困的终结。[1]2020 年 3 月 6 日，习近平总书记指出，"脱贫摘帽不是终点，而是新生活、新奋斗的起点"，这为下一阶段我国减贫战略走向指明了新方向。我国的减贫战略决策主要解决"扶持谁""谁来减""怎么减"这三个核心问题，"谁来减""怎么减"成为下一步深化减贫工作的侧重点。从政策取向上来看，减贫政策设计将从集中兜底向长效扶持和多元扶贫的方向迈进。[2]习近平总书记强调，必须坚持充分发挥政府和社会两方面力量的作用，形成全社会广泛参与的脱贫攻坚格局，[3]如何发挥市场机制在长效脱贫中的作用，接续推进全面脱贫、破解相对贫困，将成为我国减贫战略新的调整方向。[4]习近平总书记指出，要做好巩固拓展脱贫攻坚成果同乡村振兴有效衔接，"对脱贫地区产业帮扶还要继续，补上技术、设施、营销等短板，促进产业提挡升级"。[5]在"谁来减""怎么减"的问题上，企业的作用会逐渐突出。当前，我国对完全丧失和部分丧失劳动能力的特殊贫困人口实行兜底保障综合扶贫措施，而对于有劳动能力的一般贫困人口和接近贫困线人口，则需要通过市场机制赋予其"向上流动能力"，使其"有就业""逐步能致富"。

目前国内对企业参与减贫的合理性认知仍有待深化，企业为什么参与减贫？企业何以能减贫？企业怎样参与减贫？这些困扰企业参与减贫的问题值得展开学术探讨。国外对私营企业参与减贫的研究多集中于对低端市场（Base/bottom of the pyramid）的开发上，基于此，本文在对国外企业减贫相关文献进行梳理分析的基础上，尝试归纳企业参与减贫的动力机制和内在逻辑，并对企业参与减贫的实践向度进行归纳。

二 企业参与减贫的动力机制

关于企业参与减贫或者企业的减贫功能，学术界存在不同的观点，企业参与减贫是在一定动机下进行的，动力机制的差异影响着企业参与减贫的效果及其减贫行为的可持续性。要对企业参与减贫的行为属性进行理论阐释，就需要准确把握企业参与减贫的内在动力机制。

（一）伦理视角

企业参与减贫，首先涉及一个商业伦理的问题。亚当·斯密（Adam Smith）认为，人类的市场交换属于一种私利行为，在商业活动中买卖双方存在一种根本的和自然的紧张关系，这种紧张关系的存在，导致商业活动中的伦理问题无法被忽视。企业不仅是一个产生利润的机构，更是社会的重要组成部分，商业伦理关系是一种经济与正义、人道相一致的理想秩序，由此，遵循商业伦理是公众对一个企业最低限度的要求。企业通过慈善、捐赠等可自由支配的商业活动建立积极的道德资本，并与更广泛的利益攸关方建立联系，然而慈善、捐赠活动的这种利他主义常常是和企业的某种"战略动机"相捆绑的。企业的慈善、捐赠活动通常具有复杂性、不确定性和偶然性，未必能可持续发展，很多时候它只不过是企业志愿项目的一种备选而已。此外，企业慈善、捐赠活动也较易受到企业或公司负责人个人价值观的影响，而他们从事慈善、捐赠的驱动因素通常有意识或无意识地被"给予快乐"的个人满足感所驱动。慈善机构和其他非营利组织解决世界主要问题的能力也被证明是有限的，全球贫困的持续存在就证明慈善本身无法完成这项工作。慈善事业还存在一个明显的内在弱点：它有赖于源源不断的捐款、慷慨的个人、组织或政府机构。反援助人士威廉·伊斯特利（William Easterly）和其他批评家认为援助使部分穷人产生了更多依赖[6]，尤努斯和韦伯反对赠予和施舍，认为这剥夺了人民的主动性和责任感[7]。如果人们知道可以得到"免费"的东西，就会倾向于用他们的精力和技能去追求"免费"的东西，而不是用同样的精力和技能来完成他们自己的事情，由此慈善会产生一种片面的权力关系，受益人寻求的是庇护者，而不是他们应得的东西，这种单向关系是不公平的，只会使穷人更容易受到剥削和操纵。从伦理层面来讲，企业的捐赠、慈善等减贫行为通常是具有不确定性和非可持续性的，其参与减贫的内在力量也是相对不足的。

（二）社会责任视角

企业应该为谁负责？这个问题同样关乎企业参与减贫的内在动力。从商业史来看，企业首先重视的是经济利益，然后才逐渐发展至法律、道德等责任，亚当·斯密就认为企业只有追逐利润产生了最大的社会利益，资本的"无形之手"才能帮助解决社会问题。米尔顿·弗里德曼（Milton Friedman）肯定了企业所负有的一系列道德和伦理责任，但他认为企业的主要责任是"尽可能多地赚钱，同时遵守社会的基本规则，包括法律和道德习俗所体现的基本规则"。[8]随着社会的发展，企业除了实现利润最大化，还必须反映社会和环境指标，即遵守所谓的"三重底线"，企业通过履行社会责任，第一可以提升品牌形象，提高企业竞争力；第二能够巩固企业行为的合法性，降低企业所遇到的风险和不确定性；第三可以改善与当地的关系，满足当地社会对企业的期许。一些学者认为企业的社会责任不仅仅是保护利益相关者、遵守法律，它也旨在消除贫困，蒙多尔（Mondol）认为，企业界正越来越多地使用社会责任的概念来建立一个框架，使私营企业更广泛地参与减贫工作，他甚至认为应对减少贫困的发展挑战与维持公司的经济增长同等重要。[9]但这一观点也受到了纽厄尔（Newell）等人的批评，由于企业社会责任活动侧重产出，其在解决不同类型贫困方面的潜力有限。[10]有学者认为，很多情况下贫困人口只是潜在型的利益相关者，与贫困做斗争并不是企业组织的优先事项，企业更愿意确保他们不参与任何他们不应该参与的事情，而不是考虑他们能为减贫做些什么。企业在履行社会责任时存在合规性驱动和主动驱动的矛盾，寻求合法性与保持合法性的双重性导致外界认为企业的社会责任充满了"机会主义"色彩，企业履行社会责任更像是一种"支配效应"下的权力博弈，加上企业社会责任的多维性，这就导致责任取向下企业减贫的内生力不足，参与减贫成为很多企业的选择性参与项目而非战略筹划范畴。

（三）贫困视角

20 世纪 90 年代前，"责任"和"正义"的论点是企业参与减贫的理论研究的主线，随着以贫困为视角的市场理论出现，由贫困造成的各种

"消费限制"问题成为研究的重点，研究者注重对穷人的脆弱性进行探索，穷人的个体特征及其外部生存环境受到学者的关注。米克（Mick）等人对穷人脆弱性背后的原因进行了深入探索，他认为穷人的脆弱是个人的权力被剥夺和无力感造成的。研究显示，私营企业在减贫方面可以发挥非常重要的作用，甚至可以提高个人的生活质量和幸福感，诺贝尔奖获得者穆罕默德·尤努斯（Muhammad Yunus）认为："我相信我们能够创造一个没有贫穷的世界，因为贫穷不是由穷人创造的。它是由我们自己设计的经济和社会制度以及构成这一制度的体制和概念和我们奉行的政策所创造和维持的。"[11] 企业对减贫的援助不仅包括提供就业机会，还包括商业模式和供应链。菲利普·科特勒（Philip Kotler）认为企业通过市场研究，更有能力识别穷人真正需要什么，将穷人的欲望转化为产品和服务，并通过市场营销使交换得以发生。总之，通过应用营销技术可以很好地减少贫困。贫困视角下的企业参与减贫，注重商业模式和营销技术的应用，与社会责任视角的合规性驱动不同，它规避了传统企业的机会主义动机，这种积极行为的背后是企业对参与减贫战略机会的把握。

三 市场导向下企业参与减贫的内在逻辑

（一）"路径搭建"：市场与贫困的接合

长期以来，企业追求利润与履行社会责任的双重矛盾削弱了企业参与减贫的积极性，找到市场开拓与降低贫困的接合点，直接关系到企业参与减贫的"合法性"问题。自1998年普拉哈拉德（Prahalad）开创性地提出"BOP"（Base/bottom of the pyramid，金字塔底层市场）概念以来，市场与贫困的接合路径才得以搭建。由此，以市场为基础的减贫方式受到业界、学界的极大关注，普拉哈拉德认为穷人是机会而非负担，企业通过开发"金字塔底层市场"可以追求利润并大量减贫的观点得到了很多营销从业者和商业学者的认同。萨克斯（Sachs）认为鉴于商业部门在效率、速度、基于需求的方法和目标定位能力等方面的优势，这种反贫困措施得到了许多政府的支持，并指定它们向穷人提供基本商品和服务。[12] 将贫困人口视为可行的消费群体，全球企业可以运用市场机制为他们提供创新的解决方案，从而帮助减轻全球贫困。普拉哈拉德提倡私营企业进行战略层面的规划设计，并敦促它们创造性地思考企业在消除贫困中的作用，该观点为企业提供了一种在不牺牲自身经济发展的前提下为社会进步做出贡献的方式，市场作为中介机构可以与穷人自身的主动性进行强有力的交互，帮助他们摆脱贫困的陷阱，与传统的基于社会责任视角的减贫方法不同，企业参与减贫所依赖的正是其商业技能，企业经济利益的增长与贫困问题存在共生关系而非相互排斥关系，企业通过价值链融入的方式可以帮助消除贫困。

（二）"规模效应"激发企业参与减贫的动力

对企业来说，与金字塔底层人群做生意涉及一系列特殊的道德问题，普拉哈拉德为消除世界贫困的愿景提供了"商业理由"，并不遗余力地使其与任何企业的社会责任概念脱钩，他认为企业在金字塔底层市场应该参与诚实的、直截了当的商业交易，通过经济上有利可图的活动来减轻贫困。[13]然而该主张也受到了学者的质疑，主要原因在于，"底部市场的购买力存疑"，卡纳尼（Karnani）称其为"一种无害的幻觉和潜在的危险错觉"，商业减贫不过是"海市蜃楼"，因为对大多数跨国公司来说，金字塔底层市场通常太小所以无法盈利，他认为"帮助穷人，也不要把他们浪漫化"。根据普拉哈拉德和哈蒙德（Hammond）的开创性想法，他们把研究的重点放在金字塔最底层年收入不足1500美元的40亿人的巨大购买力上。2004年，普拉哈拉德认为金字塔底层市场具有巨大的经济潜力，只是很多制造商未能满足这样一个需求很高的市场。由于贫困线是一个动态的概念，其划分标准也是可变的，贫困线的平移和调整将会带来规模和数量上的变动，考虑到一般意义上的低收入群体，金字塔底层市场的范围可能会更大。菲利普·科特勒认为如果包含相对贫困家庭，全世界贫困人口可以达到40亿人。[14]需要指出的是，金字塔底层人群不仅具有规模效应，还有丰富的社会关系网，通过对金字塔底层市场的开发，企业可以将相关创新性业务覆盖扩大至更多"为体面生活而痛苦"的人群，对企业而言，市场潜力是巨大的。

（三）"理论建设"提供企业参与减贫的条件

普拉哈拉德和斯图亚特·哈特（Stuart L. Hart）首次将商业减贫提升至战略思维的高度，并提出BOP理论，目前该理论完成了从BOP1.0向

BOP3.0 的内涵演变与迭代升级过程。普拉哈拉德和哈特认为商业机构参与减贫不应是仅仅通过慈善或履行其他社会责任的方法进行，传统的企业减贫举措并没有将金字塔底层人群纳入商业价值链中，商业机构应该向金字塔底层市场提供可获得的、可负担的、可接受性的、能够产生品牌认知的产品或服务，抑或是商业机构从金字塔底层市场购买产品以帮助低收入群体，总的来说这是一种通过与当地社会进行共同创造，产生经济、社会和环境价值的商业模式。2008 年，金字塔底层市场相关研究从"卖给穷人"的方法转向与穷人进行"商业合作"，"为所有合作伙伴创造重要的价值"。2015 年以来，该研究重点扩大到更可持续的减贫发展方法上，研究者认为应该重新对贫困进行概念化，以更细致地理解贫困的复杂性和多维性，更好地理解穷人的生活，从而寻求一个更大的概念转变，放弃解决贫困的单一方法，通过更广泛的创新生态系统和跨部门参与建立关系网络，以提升穷人的生活水平和社会的福祉。这些转变标志着关于市场和贫困的理论建设逻辑正在发生变化，它更加强调开发人类能力、设计福利目标和争取变革影响。利用市场的力量来改善生活和造福社会，这暗合了社会营销的内在逻辑，也为企业参与减贫提供了另一种解释机制。

四 企业参与减贫的实践向度

根据诺贝尔奖获得者阿马蒂亚·森（Amartya Sen）的贫困理论，贫困是对人的基本实践能力的剥夺，商业学者认为一个可持续的减贫方案能够让穷人得到现代市场机构的支持，并有效地参与市场交换。关于穷人在现代商业价值链中的角色，可以总结为以下三种类型。

（一）"意愿校正"：作为生产者的穷人

贫穷是一种能力的剥夺，更包含着一种投降元素，对穷人进行救助和捐赠尽管能够起到暂时缓解的作用，但穷人"对免费的依赖"极易造成其主体性丧失，因此为有劳动能力的贫困人口创造稳定的就业机会是消除贫困的最佳途径，如果一个贫困的地区能够建立一个稳定的或不断增长的就业市场，那么贫困就会得到缓解。经济合作与发展组织（OECD）早在2006 年就认识到私营企业的发展在减贫方面可以发挥重要作用，私营企业发展是发展中国家经济增长和减贫的重要组成部分，因为它是创新和创造就业的重要来源。2019 年，诺贝尔奖获得者阿比吉特·班纳吉认为：穷人对稳定有一种向往，而工作稳定是中产阶级与穷人的一个界限。安德鲁·福斯特和马克·罗森茨维格的一项研究表明，印度农村工厂提供的工作为村庄得到该工作的人的生活带来了巨大的改变，工作改变了家长们对后代教育投资的观念，这对于消除贫困代际传递非常关键。[15]耶鲁大学戴维·阿特金指出，由于参加工作的人知道自己每个月都会得到收入，因此他们产生了对未来的控制感，这种控制感使他们注重建立自己与孩子们的事业[16]，至于那些看不到自己未来生活变好的人，可能因不愿意继续努力而陷入"贫困陷阱"。让穷人成为生产者，能够赋予贫困人口足够的心理空间，激发他们为未来而努力的潜能。

（二）"个体赋权"：作为消费者的穷人

菲利普·科特勒认为，"穷人有权拥有富人之物"，消费是人的基本权利，绝大多数的消费者研究是在经济富裕和个人富裕的条件下探索个人与物质世界的关系，较少将研究的视角应用于贫困以及贫困的缓解，穷人作为消费者的现实往往被"救助式"减贫所掩盖。阿马蒂亚·森认为，贫困反映了一个人未能获得决定他能做什么、不能做什么或不能成为什么的能力，穷人过着由社会塑造的最低限度的体面生活，这种生活常常涉及不安全感、无力感、缺乏选择以及社会排斥。[17]所谓"电视机比面包重要"，穷人对社会一致性的渴望是引导其消费的最重要的社会驱动力之一。由于消费活动也是一种社会包容的方式，穷人会通过消费逃避沮丧，并以此感受自己可以是社会不可分割的一部分。研究表明，穷人懂得如何利用消费行为来确立身份，并从财产的积累中获得自我认同和生活的意义。贫穷的消费者在市场交易中可能处于不利地位，因为他们经常受到较少的产品供应、较高的价格和不公平的销售技巧的影响，企业家在穷人的基本需求和企业发展之间寻求平衡，通过为穷人开发合适的产品或解决方案赋予了其基本的消费选择权利，提升了穷人的亲社会性，这一点是"扶贫先扶志"的基础。

（三）"内部造血"：作为小规模企业家的穷人

让每一个穷人都成为企业家是一个美丽的童话，但扶植当地人建立小型企业、个体企业有利于产业减贫的实施，也被认为是一种发展工具和减轻贫困的潜在手段。拉赫曼（Rahman）等人的研究显示，大型私营机构的支持对于确保穷人小规模企业的成功非常重要，特别是大型私营机构提供的信息和培训支助。菲利普·科特勒认为穷人是一个异质性群体，不同的人需要不同的帮助，他们当中不乏"活跃者"，这些活跃人群对于带动本地脱贫发挥着重要作用。阿比吉特·班纳吉发现贫困地区的人具备创新与企业家精神，只要为他们提供适当的环境并且在其起步时给予适当的推力，我们就能消减贫穷。[18]小额信贷就是其中一种适当的推力，在贫困地区进行小额贷款等做法有助于减贫，因为它提高了穷人创业活动的积极性，如穆罕默德·尤努斯的格拉明银行（Grameen Bank）模式就使 1 亿家庭从中获益。阿比吉特·班纳吉同样发现贫困地区的一些人也具备创新精神和企业经营意识，只要为他们提供适当的环境并在其起步时给予推动，就有助于消减贫穷。菲利普·科特勒指出贫困的真面目是本地化，所以通过政府、非政府组织、私营组织的外部干预，让穷人做好创业活动的准备，并在地方层面发展和实施减贫方案最为重要。

五　启示

传统的战略管理思想倾向于将贫困地区视为高风险市场环境，尽管西方企业参与减贫的理论研究不断进阶，但仍有很多企业没有抓住经济金字塔底层市场的机会，这主要归结于两方面原因：一方面，贫穷国家的经济不能够长期、可持续发展，加上不完善的宏观经济政策，给企业参与减贫造成障碍；另一方面，贫困地区自然环境恶劣，道路、通信和电力基础设施不良，政治腐败，法律制度薄弱，劳动力缺乏知识技能等因素扼制了企业为穷人服务的热情。习近平总书记在决战决胜脱贫攻坚座谈会上的讲话中指出，我国贫困地区群众出行难、通信难等长期没有解决的老大难问题普遍解决，义务教育、基本医疗、住房安全有了保障。目前，制约我国深度贫困地区发展的外部约束已经解除，大面积的集中连片贫困问题得到解决，不太发达地区水、路、电、网基础设施短板改善、一般贫困人口向上流动能力得到提升，这不仅利于激发贫困地区发展的内生动力，更利于推动企业参与减贫。通过以上分析，在遵循企业参与减贫发展规律的基础上，下一阶段我国企业参与巩固脱贫攻坚成果应从以下三个方面推进。

第一，坚持稳中求进的减贫战略，夯实金字塔底层市场基础。首先要补齐物质基础设施的短板，便利的交通条件和通信设施可以缓解贫困地区不利地理位置所带来的影响，并破解销售渠道不畅的现实制约。其次要提升地方公共服务能力，加强贫困地区生态建设，为企业进行产业开发提供良好的外部条件。最后要改善贫困地区人口的健康状况，提高劳动力的教育素质和职业技能，推动基本医疗覆盖，赋能贫困人口，为企业提供人力、物力方面的支持。

第二，强化政府规划引导，克服经济自由主义。我国大规模减贫的精髓在于坚持党和政府的主导，构筑了多方力量参与的大扶贫格局。西方学者认为盈利企业对缺乏经验和教育程度较低的消费者的剥削与操纵的威胁在其参与减贫的过程中始终存在，自由市场和自由选择会损害穷人利益并导致其难以摆脱贫困。没有政府这个看得见的手，市场就不可能繁荣，有必要对自由市场施加一些限制，以防止企业对穷人的剥削。政府要对参与减贫的企业进行有效监督、引导，搭建好市场、企业参与减贫的协作平台和对接机制，制定公共规则，优势互补，实现多元主体合作共治。

第三，营造企业参与减贫的社会制度环境，对企业参与减贫进行赋权。企业参与减贫的动力高度依赖它们所在国家的制度环境，制度既是社会博弈的规则，也是企业活动的合法机制和权力来源。目前，国家关于企业参与减贫的机制方案还有待完善，对企业减贫的具体方向和激励措施仍不明确，不能完全调动企业的积极性。国有企业的先期实践营造了机制需要的社会环境，下一步还要善加引导和鼓励私营企业参与减贫，让企业参与减贫成为广泛接受的社会事实，经过号召、模仿和社会规范三种机制实现组织同形，驱动企业按照自身"合法性"诉求参与行动。项目的减贫成果取决于企业的实地实践，而实地实践不可避免地受到地方权力关系的影响，如何避免企业成为一些地方政府为减贫而减贫的工具，是一个需要破解的难题。

贫困问题是一种集政治、经济、文化、社会、自然等多因素于一体的复合现象，将传统商业思想完全应用于贫困是不恰当的，企业不能完全复制或模仿 100 多年来传统商业所做的事情，而是有必要抛开既定的假设开发自己的商业版本，发展双赢、可持续的商业价值维持模型仍有待开发。

参考文献

［1］汪三贵，曾小溪 . 后 2020 贫困问题初探［J］. 河海大学学报（哲学社会科学版），2018（2）：7.

［2］莫光辉，杨敏 . 2020 年后中国减贫前瞻：精准扶贫实践与研究转向［J］. 河南社会科学，2019（6）：101.

［3］朱方明，李敬 . 习近平新时代反贫困思想的核心主题——"能力扶贫"和"机会扶贫"［J］. 上海经济研究，2019（3）：7.

［4］高强，刘同山，沈贵银 . 2020 年后中国的减贫战略思路与政策转型［J］. 中州学刊，2019（5）：34.

［5］习近平 . 坚持把解决好"三农"问题作为全党工作重中之重举全党全社会之力推动乡村振兴［J］. 求是，2022（7）：2.

［6］〔美〕菲利普·科特勒，南希·李 . 脱离贫困：社会营销之道［M］. 刘登屹，程勇，译 . 北京：电子工业出版社，2015：20.

［7］Yunus, M., Weber, K. *Creating a World without Poverty：Social Business and the Future of Capitalism*［M］. New York：Public Affairs, 2007：115.

［8］John, O., Okpara, Pamela, M., Wynn. Stakeholders' Perceptions, About Corporate Social Responsibility：Implications for Poverty Alleviation［J］. *Thunderbird International Business Review*, 2012, 54（1）：93.

［9］John, O., Okpara, Pamela, M., Wynn. Stakeholders' Perceptions, About Corporate Social Responsibility：Implications for Poverty Alleviation［J］. *Thunderbird International Business Review*, 2012, 54（1）：92.

［10］Nguyen Chi Nghia. Management Research about Solutions for the Eradication of Global Poverty：A Literature Review［J］. *Journal of Sustainable Development*, 2010, 3（1）：19.

［11］Nathaniel, O., Agola, Joseph, L., Awange. *Globalized Poverty and Environment：21st Century Challenges and Innovative Solutions*［M］. Springer Heidelberg New York Dordrecht London, 2014：51.

［12］Sridharan, S., et al. Markets and Marketing Research on Poverty and its Alleviation：Summarizing an Evolving Logic Toward Human Capabilities, Well-being Goals and Transformation［J］. *Marketing Theory*, 2017, 1（18）：2.

［13］Davidson, K. Ethical Concerns at the Bottom of the Pyramid：Where CSR Meets BOP［J］. *Journal of International Business Ethics*, 2009, 2（1）：30.

［14］Alur, S., Jan, P. L. Schoormans. Retailers and New Product Acceptance in India's Base of Pyramid（BoP）Markets［J］. *International Journal of Retail& Distribution Management*, 2013, 41（3）：190.

［15］Foster, A., Rosenzweig, M. Economic Development and the Decline of

Agricultural Emplpyment ［J］. *Handbook of Development Economics*，2007，4：3021-3083.

［16］〔印度〕阿比吉特·班纳吉，〔法〕埃斯特·迪弗洛. 贫穷的本质：我们为什么摆脱不了贫穷 ［M］. 景芳，译. 北京：中信出版社，2018：253.

［17］Christopher，P.，Blocker，et al. Applying a Transformative Consumer Research Lens to Understanding and Alleviating Poverty ［J］. *Journal of Research for Consumers*，2011，19：2.

［18］〔印度〕阿比吉特·班纳吉，〔法〕埃斯特·迪弗洛. 贫穷的本质：我们为什么摆脱不了贫穷 ［M］. 景芳，译. 北京：中信出版社，2018：228.

智能传播视域下中国品牌广告的叙事创新策略研究

唐舒天 *

摘　要： 随着智能传播时代的来临，中国品牌需及时调整叙事策略，着重从技术与文化方面重新思考影响叙事建构的因素。本文主要采用案例分析法，依照智能传播时代叙事的网络传播逻辑、技术逻辑、创新传播分析调整叙事结构，并立足于中国传统文化，在此基础上进行叙事内容的创新，加强传统文化与现代技术的融合，完善中国文化与品牌传播之间相互建构、相互融合的关系。本文旨在对智能传播时代品牌的叙事策略进行研究，探索其变革发展的方向，增强受众的全感官体验，实现叙事的整合营销传播。

关键词： 智能传播；品牌广告；叙事策略

Research on the Narrative Innovation Strategy of Chinese Brand Advertising from the Perspective of Intelligent Communication

Shutian Tang

[**Abstract**] With the advent of the era of intelligent communication, Chinese brands need to adjust their narrative strategies in time, focusing on rethinking the factors that influence the construction of narratives from the aspects of technology and culture. This article mainly adopts the case analysis method, adjusts the narrative structure according to the network communication

---

*　唐舒天，郑州大学新闻与传播学院硕士生。

logic, technical logic, and innovative communication analysis of the narrative in the era of intelligent communication, and based on the traditional Chinese culture, on this basis, carries out the innovation of the narrative content and strengthens the traditional culture and modern technology. The integration of Chinese culture and brand communication is to improve the mutual construction and integration of the relationship between Chinese culture and brand communication. This article aims to study the narrative strategy of brands in the era of intelligent communication, explore the direction of its transformation and development, enhance the audience's full sensory experience, and realize the integrated marketing communication of narration.

［**Keywords**］ Intelligent Communication；Chinese Brand；Storytelling

一 研究缘起

在媒介资源极其丰富、注意力经济盛行的大环境下，品牌为了更有效地通过广告向消费者传递品牌文化和价值观，让消费者对品牌产生好感并引发认同感，正在不断更新自己品牌广告故事的叙事方式。尤其是当"中国品牌"与"故事"结合起来进行话语表达时，其本身即超越了一般意义上的故事，涉及中国人的自我认知、话语与叙事等多个方面。

智能化加速了当下媒介化的进程，媒介技术与文化相互渗透，改变了各个平台上故事创作和传播的实践方式。正如有学者指出的，在算法和智能化语境下，中国故事在"讲什么"（内容选择）、"谁来讲"（叙事主体）、"给谁讲"（叙事体验）、"如何讲"（叙事策略）等四大构成要素方面已产生重心倾斜。[1]同样，中国品牌的广告故事策划也在技术的加持下向前迈进：媒介平台的革新推动品牌广告形式的转换，大数据分析为品牌广告精准定位受众提供了便利条件，新的技术（VR、AR 等）实现了品牌广告内核与结构的灵活改变。同时，在广告故事化叙事层面，智能化算法给予品牌及时与受众沟通、多方位预测、交互设计、创造沉浸式体验、有效细分市场、多人多面营销传播的能力，对叙事策略的革新起到了不同方面的作用。

智能传播时代品牌广告转型已成必然，我们应该以怎样的方式将广告故事化叙事更好地呈现给受众？如何让广告叙事在内涵、形式、结构上有更大的提升？如何将传统文化更好地融入品牌叙事中？

本文从智能传播的角度切入，在技术进步的基础上寻找品牌广告叙事的新思路，使中国文化与品牌传播更好地融合。并且重新分析品牌广告叙事的结构，寻找到文化传播与智能传播之间的平衡点，尝试为中国品牌广告故事的传播探索出新的智能化叙事模式。

二 文献综述

（一）智能传播

我国学者郭小平和秦艺轩在《解构智能传播的数据神话：算法偏见的成因与风险治理路径》中提出"智能传播"的概念，即以大数据为背景，以推动信息生产与传播的智能化为途径，以计算机技术、算法分析、传感器等为手段，以增强用户全感官体验为目的进行的传播活动。[2]聂智也在《智能传播场域舆论引导探析》一文中指出智能传播的核心特点在于算法推荐基础上信息与用户的个性化、定制化、精准化匹配。[3]由此可见，智能传播是在技术发展的基础上产生的以实现精准服务用户为主要目的的新型传播方式。在梳理智能传播的内在逻辑时，学者程明、赵静宜从三个方面提出了智能传播的特性，即由于媒介传播所依托的技术与算法具有工具性和社交性的复合属性，且人工智能本身具有一定的主体性，因此工具性、社交性、主体性成为智能传播的主要特点。[4]本文以智能传播为背景，解构品牌广告叙事，构想叙事策略。

（二）品牌广告中的叙事

学者戴维·赫尔曼（David Herman）在《认知草案、序列、故事：后经典叙事学的要素》中提出了关于后经典叙事学的概念，后经典叙事学顾名思义是对经典叙事学的变革与延伸，它拓展了叙事的研究领域，主张多维度、多方面对叙事学进行考量，同时将具有文化特性的故事化作品也纳入探究领域中，让叙事学变得更加充实。[5]学者李光辉在对平面广告进行研究时，认为其叙事以讲故事的形式呈现，叙事一词的概念因此表述为"可延伸至时间性的讲述故事"[6]。因此，本文把品牌广告的叙事理解为通过广告的形式、用讲故事的方式传播品牌价值。

故事想要做得出色，少不了主题的选择与内容的建构，主题是故事的灵魂，内容是故事的血肉。通过文献梳理可见，细节化、贴近受众生活、普通的日常生活叙事成为新的研究热点。也就是说，注重叙事的细节有利于与受众建立情感与经验上的直接沟通，这也是品牌在研究广告叙事策略时应该侧重的方向。对于品牌广告的叙事，国内的研究范围较窄，研究类型较单一，主要集中在品牌故事构建、品牌形象塑造、营销策略等方面。

（三）智能化驱动广告叙事转型

彭兰在《人—机文明：充满"不确定性"的新文明》中提到，随着技术进步，更多的智能化主体参与到故事叙事中去。[7]智能化与故事的碰撞又将引起怎样的关系转变？故事的生产与传播又将受到什么影响？周翔、仲建琴在《智能化背景下"中国故事"叙事模式创新研究》中认为，万物皆媒的智能化媒介情境已构成了一个无限延伸的人与技术、人造物、观念等一切非人类共同构建的行动者网络。[1]这意味着智能化媒介为人体全感官延伸提供了便利条件，而通过智能化媒介进行传播的故事也应调整结构与策略，力求为受众提供全方位、沉浸式的场景体验。在这一基础上的中国品牌广告故事也将得到更好的叙述与传播。

本文采用案例分析法与符号分析法，选择华为、中国银联中有代表性的视频广告，对其现有品牌传播策略以及广告叙事结构进行分析，总结其广告叙事与策略的共性特征，辅以新媒体受众反馈内容，对传播效果进行剖析。探究在智能传播时代，如何将品牌文化和精神运用于广告传播，通过叙事的形式传递品牌价值。

三　影响叙事建构的多重因素

品牌的故事化叙事广告往往以故事化的影视广告为主，尤其是进入智能媒体时代，在技术加持的背景下，受众在影视广告中能够获得更多的沉浸感。在分析智能传播背景下品牌广告的叙事特征之前，先对影响叙事建构的因素进行分析。在品牌的广告投放实践中，故事叙述作为一种传播方式，以讲述、传达、沟通、互动的形式，在向消费者展示产品特性与产品的使用方法的同时，向受众表达品牌理念、品牌精神、品牌文化。智能传播时代，改变品牌故事化叙事方式是十分必要的，而变革品牌故事化叙事方式就需要从影响品牌故事化叙事的因素开始解构。

（一）技术因素

1. 强化视听效果、创造体验机会

新技术推动传媒业的发展，为媒介的变革提供了条件。马歇尔·麦克卢汉（Marshall McLuhan）曾说过"媒介是人的延伸"[8]，技术为受众"延伸感官"创造了条件。VR 眼镜、VR 头盔、AR 应用程序等依托新技术支持的体验工具应运而生，强化了受众的视听体验。在这样的环境下，叙事的传播过程也会发生相应的变化，传播的智能化将成为新的叙事语境诞生的背景，叙述者、叙事内容、叙事形式、受叙者都将受到技术的影响，发生新的变化。

在智能传播背景下，消费者更注重体验消费过程，品牌也越来越重视消费者体验，这就需要提高沉浸式体验的能力。例如，Vlog 广告与 VR 全景体验的走红，都证实了受众对新技术的好奇心与对沉浸式体验的需求。这就要求品牌在叙事时注重利用新技术实现对虚拟场景的构建，增强受众的真实感。

2. 改变叙述者与受叙者的关系

技术影响传播过程的变革，受叙者的地位得到提升，拥有了更多的话语权、主动权。"传播天平"从一开始的叙述者方逐渐向受叙者方倾斜，不再是叙述者单方面向受众传递叙事策略，而是渐渐开始以受众为中心，从对受众的分析中制定策略，从受众的反馈中修改策略。由此，在以受众为中心叙事的过程中，叙事主体、叙事主题、叙事视角、叙事方式的确定与搭配都以受众为基础而进行。

（二）结构因素

品牌的叙事结构策略影响叙事的建构。谈到叙事结构，需要考虑三个方面的因素：一是整体故事的选择，二是叙事方式的选择，三是叙事主题的确定。叙事的核心就是故事，因此叙事必须选择和发掘具有故事潜质的事件。叙事方式包括叙述的顺序和叙事视角。常用的叙事顺序有顺叙、插叙、倒叙等，不同的叙事方式会起到不同的传播效果。媒介平台的不同，也会直接影响到品牌广告叙事方式的改变。故事主题往往是从历史人文、

日常生活、未来构想中提炼出来的，是群体共同关注的话题，符合群体的价值观。

（三） 环境因素

1. 受众环境

在可以预见的智能传播时代，算法与大数据将精准定位推向了更高的层次，受众将进一步被细分成更为精确的群体，大众传播将转向个性化传播，受众的个性化定制需求也将更加迫切。除此之外，媒介的社交属性也更加凸显，除了搜寻信息与表达观点之外，受众还对分享和社交互动有需求。别具一格的品牌广告更容易得到受众的青睐。

2. 媒介环境

不同媒介展示的广告叙事存在差异，当技术思维赋予到叙事思维中时，叙事的重构必不可少。技术推动了品牌广告策划形式的多样化发展，各种媒介平台为品牌提供了不同的传播思路。同时应注意的是，媒介环境还包括媒介思维的差异。从某种角度来看，媒介思维就是使用某种媒介时人们特有的思维习惯与行动方式。如今媒介的变化速度极快，品牌更应对媒介的更新保持敏感，因为不同的媒介思维就催生不同的叙事语境与叙事结构。

（四） 文化因素

文化应该立足于某个群体单位，包括这个群体自古以来就共享的群体精神、群体认知、群体生活习惯与生活方式，文化的范围比较广，涵盖人们的言行举止、吃穿用度等多个方面。通过对品牌广告的分析，笔者发现叙事中的文化呈现大概分为三类：第一类是以文化历史为背景去构建一个新的空间，有助于让受众在短时间内接受这样的叙事架构；第二类是将文化元素融入叙事结构、叙事文本中；第三类是将传统精神作为内核。我国历史文化源远流长，在历史洪流中形成的优秀精神与道德价值观念是我国文化的内核。国内品牌常常以诚信作为立身之本，广告内容常常以诚信作为宣传之标。

基于上述分析，本文试图回答以下问题：依托智能传播时代的技术，中国品牌广告该如何优化叙事的建构方式；当将文化元素融入文本时，怎样让其在传达给受众的过程中变得"有血有肉"，不再是冷冰冰的符号；

当将传统精神作为内核时，怎样与现代文化碰撞出新的火花。

四 传播、交互与沉浸：品牌广告的叙事思路

VR 即虚拟现实技术，当应用于广告时，可以将受众置于 360 度的虚拟情境中。AR 即增强现实技术，简单来说，就是将虚拟信息呈现在真实的情境中。基于计算机图形系统和辅助传感器原理，VR、AR 广告被较多地应用到与日常生活息息相关的产品宣传中，目的是让受众获得更加全面的感官体验，增强受众的现实参与感，拉近产品、品牌与受众的距离。

5G 的发展推动了智能传播的进程，在这一背景下，技术发展呈现井喷态势。对于虚拟场景的探索也成为广告叙事领域的发展重点，VR、AR 等技术与广告的结合已是必然趋势。本部分着重分析品牌在进行场景探索的同时，广告叙事方式的变化趋势。

（一）去中心化叙事

20 世纪 70 年代，著名的后现代思潮理论家弗朗索瓦·利奥塔（Jean-Francois Lyotard）在阐释后现代主义时曾表示，在工业社会里，"宏大叙事"早已被一个个去中心化的"小叙事"取代。[9]如今随着互联网更新换代的速度加快，去中心化似乎已经成为共识。

目前，AI 算法的应用改变了单向信息传播模式，万物互联催生了更紧密的"人联网"，"受众"进而转变为"生产受众"，传统的专业生产内容也转换为以用户生产内容为主。由于在互联网环境中，叙事型广告很容易因为受众的转发和评论获得不同的解读，因此其叙事结构在传播的过程中往往有去中心化的表现。豆瓣、新浪微博、百度贴吧、哔哩哔哩等 App 的出现就印证了这一点，受众通过这些平台分享看法、交流思想，一种叙事方式能被解读为多种观点。受众在各个平台上的观点成为品牌可供借鉴的新数据，据此对自己的叙事策略做出改善。

另外，在传统的故事化广告片中，故事情节的主线往往只有一条，所有的副线基本都是围绕主线，创作者安排了这条主线，带有一定的强制性。而新兴的 VR 技术则有助于去中心化叙事描述手法的运用，因为在 VR 支持的前提下，受众有条件实现全感官体验，叙事结构能够实现由线性转为平面，叙事世界由平面转为立体，内容也将变得更加丰富。考虑到每个

受众的兴趣点与关注点不同，广告也会产生不同的情节走向和结局。

在网络传播呈现去中心化趋势的当下，品牌应及时分析受众反馈数据，同时在进行叙事结构调整时也应该注意去中心化叙事，给受众更多的想象空间与能动空间，构建更为立体完整的叙事世界。

（二）交互式叙事

受媒介、技术等多种因素的制约，传统广告不含交互式叙事，观众只能"被迫"接受品牌所传达的故事情节。当下技术更迭速度加快，在智能传播的背景下，利用智能算法进行交互式叙事能够赋予受众更多的选择权，在一定程度上也能够带给观众轻游戏化体验。正如橙光游戏《模拟人生》一样，通过在游戏关键节点为受众提供多种"人生选项"，不同的选项就能开启不同的故事话本，获得不同的游戏体验。受众更偏爱个性化的定制，而交互正好可以满足受众在这方面的心理需求：仿佛是受众操控着剧情走向一样。因此，品牌应注重在故事中加入交互性触发机制。

故事化广告必须借助多种形式的符号建构品牌感知隐喻。对于符号的深入分析与运用能够达到良好交互性体验的目的。华为和中国银联视频广告的质量在国内名列前茅，笔者选取华为、中国银联近年来在电视、互联网等主流渠道投放的视频广告作为研究对象，从人物符号、色彩符号、文字符号、时空符号、产品符号几个方面，对这些品牌广告中的符号体系进行全面解读。为了追求样本的代表性和数据的有效性，本文采取随机抽样的方式，分别选择 16 个华为和中国银联推出的广告。选取的广告均为以故事性为主的非代言人广告，辅以故事性分析补充，力求使研究具有科学性。

1. 人物符号

在探究广告中的人物符号时，笔者主要从主要角色、次要角色、人物关系、人物性别、人物情绪、人物特质几个方面入手。主要人物中，0~1人记为 a，2~3 人记为 b，3 人以上记为 c；次要角色中，0 人记为 a，1~3人记为 b，3 人以上记为 c；人物关系中，亲人关系记为 a，朋友关系记为 b，情侣关系记为 c，多种关系记为 d；人物性别中，女性为主要角色记为 a，男性为主要角色记为 b，男女共同为主要角色记为 c；人物情绪中，喜记为 a，怒记为 b，哀记为 c，平记为 d；人物特质中，笔者将此处的人物特质分为两类，一类是为产品特性服务的角色，一类是为情感服务的角色，凸显一技之长者记为 a，引起情感共鸣者记为 b，二者兼有之记为 c。以此来为 32 个广告分类（见表1）。

华为和中国银联品牌广告中的主要人物角色一般较少，其中华为通常为一个主要人物，中国银联则一般无主要人物，由多个普通人物共同组成系列故事，这样的形式使受叙者更有代入感。由于受叙者好感度较强、印象较深的通常为喜剧式结局的广告，因此这些人物情绪与故事情感基调大多为"喜"的广告便于提升受叙者对品牌的好感度。影片中人物的主要特质也大多是为情感服务，其广告宣传通常运用两类不同方式：一类是满足受众理性诉求，向受众理智地传达某种道理，以理服人；另一类是以满足受众感性需求为目的，以情动人。消费者通过诉诸情感的广告，将自己的情绪融入广告，能够与广告一起产生情感认同，进而产生共鸣。智能传播时代，在受众接受一则广告的过程中，产品属性不再是消费者倾向的关注点，广告中所传达的调性与情感会使消费者移情品牌，加深对品牌的信赖。

表 1　华为和中国银联品牌广告中人物符号统计情况

单位：个

人物符号	a	b	c	d
主要角色	22	10	—	—
次要角色	3	6	22	—
人物关系	2	12	3	13
人物性别	6	9	16	—
人物情绪	22	3	1	5
人物特质	7	19	6	—

2. 色彩符号

在故事化叙事广告的色彩中，色调的恰当应用，能够创造一种叙事氛围，同时还能够提供给受众对于"情绪"的猜测。尤其是在交互式叙事广告中，色彩的运用能让交互过程变得更符合既定场景。例如，中国银联的视频广告《喊山》，以绿色、蓝色的基调为主，朴实又充满希望，画面洋溢着青春的气息，与广告的主题相符。

3. 文字符号

中国银联与华为广告中的文字符号形式并不相同，却各有特色与用处。中国银联的广告文本大多带有激励性质，从受叙者的日常生活、其关注的矛盾焦点入手写文案，力图与受众共情，打入其内心世界，例如视频广告《鱼丸》中的文案："少年家，只要碗里的鱼丸还有弹性，生活就得有韧劲。"该文案突出主题，鼓励受众，表达了喜爱鱼丸的少年应该像鱼丸一样活得有韧劲。

4. 时空符号

此处的时空符号包括"叙述幅度"和"叙述频率"。叙述幅度分为时间幅度和空间幅度，叙述频率又分为事件频率和叙述频率。华为 P30 推出的竖屏电影广告《悟空》，其时间与空间跨越幅度较大，通过一个农村小男孩的"悟空梦"的故事，讲述了一种魔幻现实主义的追梦精神。该广告用转折的剧情和离奇的故事，带给观众许多关于"梦想与追求"的思考。

5. 产品符号

产品符号包括品牌所售产品图像符号、文字符号与声音符号。本文选取的视频广告中，产品符号出现次数为 3 次以上的广告有 9 个，多为中国银联推出的广告，并且情感诉求强、创意性强的视频广告中的产品符号多在广告后半段或者结尾出现，叙事性越强，产品符号出现越晚。还有一些视频广告中，产品符号是作为主要情节转折的助推器而存在的，这时产品符号往往出现在一些关键的时间或者空间节点上。例如，华为视频广告《登月》，前面讲述了宇航员按要求拍摄太空经历的各种囧事，正当因为无法完成任务而一筹莫展时，天空飘来一部华为手机，宇航员使用华为手机化解了难题，成功完成拍摄，间接展示了华为手机的功能，迎合了受众的心理需求与对产品的功能诉求。

以上对于品牌广告符号的分析发现，目前的品牌广告仍然以内容叙事为主，但基于符号为受众创造智能技术体验的策略有所缺失，因此未来品牌广告应将内容叙事作为基本主体，以整合智能传播叙事为目的，为受众提供交互式、沉浸式的体验。

（三）沉浸式体验

智能传播时代的广告也应该追求"媒介艺术"，沉浸式体验可以说是一种全感官式的体验，需要受众调动五感去置身其中，能够为受众提供新鲜刺激的感觉。VR、AR、MR 等技术自身具有沉浸式体验的特色，能通过为受众建立虚拟世界达到提供沉浸式体验的效果。

虽然用 VR 等技术进行广告叙事成本巨大，且现在的应用不多，但是沉浸式已然是未来广告叙事的必达阶段。从对广告案例的分析中可以发现，广告叙事正在试图通过完善各种细节，与受众共情，让受众产生贴近感，同时也为在技术上实现沉浸式体验做铺垫。驱动广告叙事变革的不仅仅是媒介技术，受众的消费方式、生活形式、审美习惯、价值观变化等因素也会推动广告叙事方式发生改变。

受众在叙事中获得全感官体验的前提就是叙事场景的重构。普通视频广告与沉浸式广告的区别也体现在这里，受众在普通视频广告中使用的感观局限于视觉与听觉，而在有 VR、AR 等技术支持的沉浸式广告中，受众身处在技术构造出的虚拟情境中，此时受众的五感能够得到充分调动，相应的，受众所体会到的真实感与现场感也更加强烈，对于叙事的记忆也更加深刻。

智能技术构建的叙事场景迎合了受众对新事物的新鲜感与猎奇心理。尤其是在许多品牌开始主攻年轻市场的当下，深入分析年轻群体的社会心理就显得尤为重要。例如，欧莱雅曾经为品牌策划的 AR 广告《Only The Brave》，让受众体验到身在高空、即将踩空的刺激感，成功传达了品牌理念，使受众在增强参与感的同时，与叙事内容、叙事主体、叙事情节更加贴近。

五　整合智能传播：品牌广告的叙事革新

（一）叙事模式：创新叙事类型与结构

受众对于新事物总是抱有好奇心，这也是 VR 技术最初进入市场时广受欢迎的原因。总是保持一种叙事模式，会让受众逐渐感到枯燥乏味，传播效果也会受到影响。因此品牌在进行广告叙事时应不断借鉴其他新媒体叙事模式，革新叙事类型。

比如品牌可运用 Vlog、连载短动画等形式进行广告故事叙事，并投放在 B 站。人们在密切关注同一活动时，会时刻关注他人的反应，及时调整自己的肢体和表情，最终达到与现场一致的情绪状态。B 站的弹幕功能其实客观上实现了群体喝彩的线上化。用户可以在许多高播放量的视频中发现，往往在特定画面、背景音乐、人物角色等仪式焦点出现的瞬间，来自不同个体的一致呼喊会从上至下占领整个画面。因此，投放在 B 站等弹幕网站时，品牌还应注意在广告故事叙事中设置"激励点"与"转折点"。

品牌也可以借鉴游戏的叙事模式，如橙光游戏《模拟人生》，玩家可以自行选择自己人生的走向，获得不同的剧情体验，构建自己的故事。那么品牌也可以为广告设定许多不同场景，在每一个选择节点由受众自行选择开启不同的故事，将广告故事化叙事权进一步移交到受众的手中。

（二）叙事情境：基于虚拟空间建构的新叙事方式

1. 对媒介变化保持敏感

品牌应对媒介的变化保持敏感。在不同的媒介平台上，广告的叙事方式和叙事逻辑不同。例如，抖音短视频与 B 站交互式视频就拥有不同的叙事结构。当 VR、AR 等技术真正普及到大众的生活中时，媒介该如何更新，广告叙事该如何改变，品牌应提前做好对策，围绕其交互式、沉浸式、去中心化的特性制定叙事策略。

2. 构建虚拟情境

广告应顺应潮流趋势，借助技术完成虚拟空间的构建。通过不断观察受众对叙事的反馈以及安排多条故事主线，完成叙事的去中心化。也可以将叙事走向的选择权移交给受众，或者用其他方式增强受众的能动性与参与感，完成叙事的交互式体验。借助 VR、AR、MR 等技术，为广告叙事构建一个虚拟情境，增加受众对整个故事叙事脉络的信服度。B 站上现在流行体验感视频，形式有裸眼 3D 视频（受众在观看时不用戴 3D 眼镜，而是通过小技巧就可实现 3D 观看效果）、裸眼 VR（同样无须戴 VR 设备，受众可自行操作变换观看视角）等。广告叙事同样可以借鉴这种模式，在策划过程中增强受众的体验感，如利用裸眼 VR 形式进行广告投放，受众在视频播放过程中可以通过拨动手机屏幕实现情境互动，更全面地了解广告主传达的广告理念。

（三）叙事内核：立足传统文化进行创新

叙述故事的目的是表达某种文化，因为故事所传递的价值观和蕴藏的内涵才是受众更希望感受的。可以说，在某种程度上，利用自身优势传播文化是广告的职责。品牌广告应该扎根中国传统文化，在旧时的精髓中找到创新的着眼点，通过富有中国特色的故事，赋予传统文化新的内涵与生命力。

在进行广告故事叙事时，品牌也应该注意与所处的文化环境建立密切关系，同时在视觉效果上融入东方美学元素，吸纳现代元素，不断创新，不断探索我国独有的"意境性"的表达，从我国传统文化中寻找创新点与创意点，这不仅有利于品牌自身形象的构建，还能更好地与受众建立情感联系。

（四）叙事目标：实现叙事的整合智能传播

1. 增强叙事的全感官体验

实现叙事的整合智能传播需要叙事结构与文化背景的支撑，利用技术手段打造新的叙事方式，充分调动受众的全感官体验，以达到更好地将文化传播给受众的目的。

注重叙事的全感官体验，即努力还原视觉、听觉、嗅觉、触觉等方面的真实性。以传统文化为主题的沉浸式广告为例，当受众接触传统文化广告时，更多地抱有欣赏不同时代的美的想法，更希望能与逝去的时代零距离接触，因此全面展示传统文化的"立体美感"尤为重要。广告策划者应将传统文化最本真细致的美融入营造的意境中，整体呈现可以是精致与复古风格，也可以是与现代文化相结合后碰撞出的"新国潮"风格，调动受众的感官，增强受众的体验，在沉浸与享受中产生情绪共鸣与价值共振，拉近其与品牌的距离。

2. 促进叙事中技术与传统文化的碰撞

技术给了文化沉浸的条件，同时也给了品牌叙事创新的机会。实现叙事的整合智能传播，需要在叙事中完成技术（现代文化）与传统（传统文化）的融合。VR 等技术让文化的沉浸成为可能。品牌也应该将文化沉浸纳入广告叙事视为任务。广告传播本身具有广泛的受众优势，借助广告能够有助于传统文化真正"活"起来。以 B 站播放量破 200 万的视频《［裸眼 VR］梦回北宋汴京-清明上河图画中行》为例，受众仿佛踏入鲜活的画中世界，不仅可以通过拨动屏幕观赏汴京全景，也可以细致观察每一个画中人物的动作，"惊艳""体验感强""文化之美"成为弹幕评论的关键词。品牌在进行文化主题的广告策划时，可以传统文化为叙事背景，将新技术融入叙事中，再对故事中的情节进行细节方面的叙事策划。

3. 实现叙事中的有机互联

本文认为，叙事中的有机互联是指，叙事中的各个主体（人与人、人与物、物与物）、各个要素（叙事结构、叙事情境、文化背景、技术因素）有机地结合在一起，形成一个新的系统，其中各个要素互相作用、紧密联系。加强叙事中的有机互联是实现叙事的整合智能传播的前提。智能化时代为品牌广告叙事实现技术上的突破提供了支持，传统文化为品牌广告叙事提供了文化背景建构的条件。

品牌应该有前瞻性与整合性思维，将叙事中各个主体之间的关系作为基点建构起叙事结构与叙事情境，将文化作为闪光点融入叙事结构与情境中，将技术作为支撑革新叙事结构与情境，真正做到将叙事中的主体与要素有机结合起来，让叙事更加立体、主题更加有层次、受众记忆更加深刻，有效实现品牌广告叙事的整合智能传播。

六 结语

在品牌的策划下，在技术的支撑下，在消费者的不断参与下，在新的叙事形态的帮助下，视频广告的叙事特征正呈现一种融合发展的新形态。本文对品牌广告叙事的发展推动因素与现状进行了深入系统的研究，重点对其在智能传播时代叙事模式与叙事策略的变革进行了分析，完善中国文化与品牌传播之间相互建构、相互融合的关系，并且重构故事化叙事结构线，寻找到文化传播与智能传播之间的平衡点，尝试为中国品牌故事的传播探索出新的智能化叙事模式，使广告能够更好地带给受众体验感与参与感。

参考文献

[1] 周翔，仲建琴. 智能化背景下"中国故事"叙事模式创新研究 [J]. 新闻大学，2020（9）：79-94+122.

[2] 郭小平，秦艺轩. 解构智能传播的数据神话：算法偏见的成因与风险治理路径 [J]. 现代传播（中国传媒大学学报），2019（9）：19-24.

[3] 聂智. 智能传播场域舆论引导探析 [J]. 思想教育研究，2020（10）：71-75.

[4] 程明，赵静宜. 论智能传播时代的传播主体与主体认知 [J]. 新闻与传播评论，2020（1）：11-18.

［5］David，H.Scripts，Sequences，and Stories：Elements of a Postclassical Narratology［J］. *PMLA*，1997，112（5）：1046-1059.

［6］李光辉．平面广告图像叙事分析［J］.丽水学院学报，2014（1）：78-83.

［7］彭兰．人—机文明：充满"不确定性"的新文明［J］.探索与争鸣，2020（6）：18-20+157.

［8］〔加〕马歇尔·麦克卢汉．理解媒介：论人的延伸［M］.何道宽，译．北京：商务印书馆，2000：33-34.

［9］〔法〕让-弗朗索瓦·利奥塔．后现代状况：关于知识的报告［M］.岛子，译．湖南：湖南美术出版社，1996：228-229.

［10］喻国明，耿晓梦．算法即媒介：算法范式对媒介逻辑的重构［J］.编辑之友，2020（7）：45-51.

［11］李静姝，刘峰．智能传播时代新闻策划的理念更迭与路径创新［J］.中国编辑，2020（10）：29-33.

［12］刘若华．故事化叙事与广告传播研究［D］.吉林：吉林大学，2020.

［13］陆小华．智能传播时代更需要领悟传播之"道"［J］.青年记者，2022（1）：76-78.

［14］王新惠．论品牌叙事主体的运行机制与叙事动能——以北京老字号品牌故事为例［J］.现代传播（中国传媒大学学报），2022（3）：108-116.

［15］郑亮．建设性新闻视角下"中国故事"的叙事策略研究［J］.编辑之友，2020（3）：22-26+46.

［16］郎竞宁．转变叙事策略 讲好中国故事——从新闻叙事学角度探讨国际传播能力建设［J］.传媒论坛，2019（23）：100-101.

［17］殷乐，高慧敏．智能传播时代的社会交往：场景、逻辑与文化［J］.中国编辑，2021（10）：77-81.

［18］别君华，周港回．智能传播的具身转向与感官之维［J］.未来传播，2021（1）：43-47+121.

聚焦新媒体

青年群体的新媒体接触对新闻
回避行为的影响
——基于新闻效能感和偶遇式新闻的中介与调节作用

白 宇[*]

摘 要： 本研究基于网络问卷调查法，主要考察了青年群体的新媒体接触对新闻回避行为的影响，以及新闻效能感与偶遇式新闻在其中的中介与调节作用。研究结果显示，青年群体的新媒体接触既对新闻回避行为具有直接的促进作用，又通过新闻效能感产生间接影响。偶遇式新闻是一种新型的新闻消费形式，正向调节着青年群体新媒体接触与新闻回避行为。本研究有利于帮助理解青年群体新闻回避行为的内在生成逻辑，具有一定的理论与现实贡献。

关键词： 新媒体接触；新闻效能感；偶遇式新闻；新闻回避行为

The Influence of Young People's New
Media Use on News Avoidance
—Based on the mediating of news efficacy and the moderating of incidental news exposure

Yu Bai

[**Abstract**] Based on the online questionnaire survey method, this study mainly examined the impact of young people's new media contact on news avoidance behavior, the mediating role of news efficacy and the moderating role of incidental news exposure. The results show that young people's new media

---

* 白宇，南昌大学新闻与传播学院硕士生。

contact not only directly promotes news avoidance behavior, but also indirectly influences it through news efficacy. Incidental news exposure is a new type of news consumption that plays a positive role in moderating the new media contact and news avoidance of youth groups. This research is helpful to understand the internal generation logic of youth group news avoidance behavior and has certain theoretical and practical contributions.

[**Keywords**] New Media Contact; News Efficacy; Incidental News Exposure; News Avoidance

一 问题的提出

正如麦克卢汉所言，任何技术都倾向于塑造一个新的人类环境，环境不是消极的包装用品，而是积极的作用进程。[1]数字化技术的发展，不断改变着人类的信息获取方式与阅读习惯。中国互联网络信息中心（CNNIC）发布的第 49 次《中国互联网络发展状况统计报告》显示，截至 2021 年 12 月，我国网民规模达 10.32 亿人，其中 20~29 岁、30~39 岁、40~49 岁网民规模大于其他年龄段群体。[2]数据显示，我国网民和网络新闻用户人数不断增加，中青年群体成为互联网使用的主要人群。在新媒体技术的赋能下，受众摇身一变成为"个人日报"的"主编"，但也出现了新闻裁剪和新闻回避行为。路透社新闻研究所的研究表明，新冠疫情发生前，对 38 个国家的调查发现，有 32%的人自认经常或有时会回避接触新闻；而疫情发生后，新闻回避现象开始增加，仅在英国就有 66%的人表示疫情发生后自己开始出现新闻回避行为，是因为其具有负面作用。[3]值得关注的是，丰富的媒介资源为新闻的生产、流转、消费和再生产提供了基础性物质条件，网络和手机新闻用户数量也在不断增加，然而现实生活中回避新闻的人数也在不断上升。

随着媒体生态不断演变，有学者开始对新闻回避这一普遍性问题展开研究。在不同时期，学者对新闻回避行为的研究有不同的贡献。在传统媒体时代，公众会在电视播放时事新闻的时候换台，拒绝观看新闻。[4]在社交媒体盛行时，一项关于韩国超过 19 岁网民的研究显示，新闻超载感知通过增加新闻疲劳和新闻分析瘫痪，诱发了新闻回避现象[5]，其中 19~29 岁和 30~39 岁的新闻超载感知得分最高。另外，算法技术的发展也在重构人们的新闻消费习惯，当前新闻的大量供给导致出现新闻裁剪的现象，包括人们忽略、过滤、定制和保存新闻，通过各种形式来重构自己的新闻消费习惯。人们通过反算法或主动规训算法的行为来进行新闻接触，适应社会的发展，实现自我认知协调。国内学者对新闻回避关注较少，主要研究某类信息回避、新闻依赖、媒介上瘾等，探讨其对受众的潜在负面影响，缺少对新闻的观照，缺乏关注作为能动性主体的个人行为。张雪认为新闻回避是一种选择性接触新闻的行为。[6] 李彪等指出，新闻回避指新闻消费者主动避免接触特定新闻的行为，并且偶遇式新闻成为青年群体重要的新闻消费形式。[7] 基于此，青年群体的新媒体接触与新闻行为存在何种关系，促进或抑制？班杜拉认为，自我效能感是对自身自信程度的认知，影响着人们对周围环境和行为的解释。诺布罗克·维斯特维克（Knobloch-Westerwick）和卡彭铁尔（Carpentier）等认为，新闻消费的基本取向也是自我效能的一部分功能。特别是在新闻个性化推荐与过度供给的背景下，对于青年群体而言，他们的新闻消费形式与习惯、新闻效能感[8] 将深刻地影响其新闻回避行为。因此，本文以实证研究方法为基础，分析青年群体新媒体接触与新闻回避行为之间的关系，探究新闻效能感和偶遇式新闻可能在其中具有的中介与调节作用。

二 文献综述与研究假设

（一）媒体接触与新闻回避行为

新闻回避行为是基于自我意愿的新闻消费行为。媒体诞生之际，新闻回避行为就成为学者不可回避的研究话题之一。无论是社会共识或社会共同体的建构，还是媒体影响力、个体公共性的形成，都是以新闻为中介物发挥作用的，而新闻回避行为注定会影响新闻效力。当前学术界主要将由媒体接触所产生的新闻回避行为分为两种类型，即主动新闻回避与被动新闻回避。

有学者从观众的行为动机出发，将电视新闻回避分为主动与被动两种。[4] 他认为部分观众对电视新闻回避，不是因为他们不想看，而是因为结构性因素使他们远离新闻，以及部分观众根本不喜欢新闻，并有意识地避免看它，诸如延伸到观看脱口秀。大量研究深入探讨了新闻回避行为，揭示了多种回避模式，人们通过简单地避免或忽略信息的过度供给来应对新闻超载，如完全拒绝新闻消费[9]和低水平的新闻消费[10]。而张雪认为新闻回避是一种选择性接触新闻的行为[6]，因为在一定程度上每个人都会产生新闻回避行为。因而，媒体接触与新闻回避行为是相互联系、相互依存的。

目前关于媒体接触与新闻回避行为之间一体两面的关系是确定的，大多数学者认为新媒体技术在带来成本更低的媒体接触与海量新闻的同时，也会带来新闻超载和新闻回避行为。首先，媒体的接触类型与新闻回避存在密切关系。电视的可用性和接触频率影响着电视新闻回避行为。[4]新媒体的使用频率与受众新闻超载呈正相关，而新闻超载又作用于新闻回避。[5]荷兰学者大规模的调查发现，主流媒体（电视、报纸和杂志）的新闻消费与新闻回避呈负相关。[9]概言之，新媒体接触与新闻回避行为相关，值得进一步探讨。

其次，新媒体带来的海量新闻所诱发的新闻超载感知与新闻疲惫，使公众管理个人新闻意愿增强，出现新闻回避行为，这为后续的研究提供了大量经验。特别是新媒体技术的进步，使人们可以通过减少处理的数量或选择更高效的处理方法来管理新闻[11]，降低自我认知的不确定性，避免产生认知失调、恐惧、疲惫等心理。

最后，新媒体平台的新闻报道形式或特征，影响着公众的新闻回避行为。研究发现，人们会认为新闻报道过于悲观，对他们的情绪产生了负面影响，导致他们产生新闻回避行为。[12]在社交媒体分发的环境下，青年群体新闻消费行为也在发生转向，人们在使用媒体时并不是完全被动的，而是以一种自我控制的形式来进行新闻的接触。基于此，我们提出以下研究假设：

　　H1a：使用媒体类型与新闻回避行为存在相关关系；
　　H1b：新媒体使用频率越高，青年群体新闻回避行为越强烈。

（二）新闻效能感的中介效应

新闻效能感是基于自我新闻需求，能够引起积极搜索行为的动机因素，越来越成为新闻消费的重要影响因素。班杜拉认为，自我效能感是自身能够完成特定任务的自信程度，有助于个人认知和行为的提升，以满足个人对某一主题的兴趣。新闻消费的基本取向也是自我效能的一部分功能。[8]事实上，蔡孟荣（Meng-Jung Tsai）和蔡金钟（Chin-Chung Tsai）发现互联网自我效能感与更好的搜索性能、更好的搜索策略相关[13]，这表明互联网自我效能感和社会过滤之间存在积极联系。新闻效能感就是，当用户感觉新闻有效时会继续选择此类新闻，而过滤掉那些加剧其认知超载的新闻，进而为其理解新闻消费行为提供一个新的视角[14]，即放置到人类主动性的理论范畴之中。

对于新闻效能感与新闻回避行为之间的关系存在两种解释。人们也会因为较低的新闻效能感而出现新闻回避行为[15]，即对于从社交媒体上获得自己需要和想要的新闻没有信心，进而他们可能会减少或拒绝对社交媒体的新闻消费。在此视角下，强调个体自我认知的重要性，即认为自身对新闻搜索或处理的认知意愿越低，越会诱发新闻回避行为。但随着媒介化生存成为现实，不断嵌入并重构社会，有学者指出新闻效能感可能会与新闻回避行为存在显著正相关关系。比如帕克借鉴班杜拉的自我效能理论，提出并检验了"社交媒体新闻效能"在新闻回避行为中具有显著负向作用。[11]换言之，新闻效能感来自个人和媒体的使用经验。新媒体技术不仅降低了公众接触新闻的成本，还提供了丰富的呈现形式，以及赋予公众多元的新闻选择路径，提供给公众自主制定或裁剪新闻的权利。在某种程度上，新媒体接触还影响着人们的具体新闻消费行为，例如当感知过量的新闻输入时，会导致自我新闻效能下降，会减少新闻需求，产生新闻过滤行为。综上所述，新闻效能感可能在新闻回避行为中发挥关键作用，需要将感知、搜索新闻的能力与过滤行为联系起来，探讨其中的关系。

鉴于以上讨论，本研究考察的是新媒体使用、新闻效能感与新闻回避行为之间的关系。与过往研究的不同之处在于，本研究关注的是青年群体，特别是他们长期的数字化媒体使用经验及接触频率。本研究认为，相比传统媒体自上而下的控制，新媒体的使用方式和经验逐渐成为青年群体具备新闻效能感的重要源泉。而新媒体多元化在内容呈现、互动方式、功能设置方面的优势，赋予更具效能感的个体更多选择权，进而产生多元的新闻消费方式。基于此，我们提出以下研究假设：

H2：新媒体新闻接触正向影响青年群体的新闻效能感；

H3：新闻效能感在青年群体的新媒体接触与新闻回避行为中发挥着中介作用。

（三）偶遇式新闻的调节效应

偶遇式新闻，也称"新闻找到我"（News finding me），即部分人认为他们不需要主动寻找新闻，因为他们会通过同龄人和社交网络接触到新闻并保持良好的信息素养。[16]近些年，偶遇式新闻逐渐受到学界的关注，多为探讨其与新闻消费、政治知识之间的关系，但少有学者将其与新闻回避行为联系起来，这或许是因为有关偶遇式新闻的研究仍处于初级阶段，有待进一步深入探讨。由于媒介化生存已成现实，社交好友会基于自己的喜好分享转发新闻，开始扮演"把关人"和"分发者"的角色，"人人皆通讯社"的预言成真，一些人依赖这种形式进行新闻消费，但偶遇式新闻的认可度、接触意愿与频率产生的影响仍需进一步探讨。

偶遇式新闻会对公众及其后续的新闻消费行为产生两种不同的影响。2016 年的美国皮尤研究中心发布的报告显示，Facebook（脸书）中有 62%的新闻用户通过偶遇式新闻获得新闻，并非主动通过传统大众媒体或新闻App 获知新近发生的事件。换言之，公众可以在新媒体平台的社交、刷朋友圈、购物、娱乐过程中偶然获得新闻，以被动的、低成本的形式了解新闻。[17]一方面，偶遇式新闻接触触发多任务处理，能比主动接触新闻收益更高、效果更好。有学者指出，在微博的政治传播中，扩大偶然接触新闻的机会是缩小政治知识差距的有效机制。[18]因为微博平台的内容选择程度较高，既会提供给政治兴趣较高者更多的新闻搜索与学习机会，也会导致在政治兴趣较低的公民中出现"避免新闻"和"退出新闻"现象，造成新的政治知识不平等，但偶遇式新闻的出现会有效缩小这种差距。

另一方面，有学者认为偶遇式新闻存在干扰效应，甚至会进一步引发新闻回避行为。虽然偶遇式新闻能够增加受众的新闻消费，但实际上也造成了一种重要的新闻议题终会流向我的"错觉"，没有促进知识的增加[7]，却会影响后续的新闻消费行为。在社交媒体语境中，由于人们坚信"新闻找到我"效应会发生，便会处于一种新闻回避状态。[16]与此同时，高"偶遇式新闻"感知潜在干扰强，会阻碍后续新闻接触的意愿和兴趣，并带来负面效应。换言之，偶遇式新闻对新闻回避行为有着潜在的影响。所以，在考虑青年群体的新媒体接触与新闻回避行为时，偶遇式新闻是无法回避的影响因素。对偶遇式新闻认可度高的公众，在通过新媒体进行新闻消费时，更可能以被动的形式接触、理解和记忆好友分享的新闻，同时既可能导致他们对其他新闻消费形式的排斥，也可能增加他们对新闻处理的认知成本，出现新闻倦怠感，进而提高新闻回避行为出现的概率。也就是说，新媒体的使用确实会影响公众的新闻回避行为，但对于对偶遇新闻认可度较高的青年群体来说，他们产生新闻回避行为的概率会提升。基于此，我们提出以下研究假设：

H4：偶遇式新闻在青年群体新媒体接触与新闻回避行为的关系中起到正向调节作用。

三 研究方法

（一）抽样及基本情况

根据中国互联网络信息中心（CNNIC）发布的报告，年轻群体使用网络新媒体接触新闻的比例在不断上升，他们的新闻消费方式也在发生变化。世界卫生组织（WHO）将 14~44 岁的人群界定为青年群体，以往研究将 19~39 岁的人群界定为青年群体，并通过实证的方法发现他们出现新闻回避新闻行为的频率较高。[11] 所以结合现实与以往学者的研究经验，将本研究中青年群体的年龄界定为 18~39 岁。在 2022 年 6 月 1~15 日，本研究进行了问卷前测（N=61），信度和效度均良好，适合开展下一步的研究。正式调查在 2022 年 7 月 1 日至 8 月 20 日期间进行。本研究依托问卷星平台发放问卷。另外，我们还严格按照青年群体的界定条件来筛选问卷，将小于 18 岁和超过 39 岁的问卷去除，以及删除了填写问卷时间低于100 秒的样本，因为我们前期邀请 10 位志愿者认真进行填写问卷，发现100 秒是受访者认真填写问卷的最低时间要求。经过以上步骤，最终得到511 份有效问卷。

（二）变量测量

在问卷设计上，主要分为三个部分：一是有关人口统计学的信息及媒体接触信息；二是新闻回避行为的影响因素，包括新闻效能感和偶遇式新闻，全部采用李克特五级量表；三是新闻回避行为的测量，包含主动新闻回避和被动新闻回避，也同样采用李克特五级量表。关键变量测量结果如表 1 所示。

新媒体新闻接触。主要询问了青年群体接触媒体的主要类型及频率，如您平时主要通过哪种媒体或渠道获取新闻（如传统媒体类：报纸、广播、电视等；新媒体类：网络电台、今日头条、微博、微信公众号等）；您平均每天使用新媒体获取新闻的频率，回答方式有四个，即 1 小时以下、1~3 小时、3~5 小时、5 小时以上，分别对应 1~4 分（M = 2.720，SD = 1.037）。

新闻效能感。本量表改编自特里林（Trilling）[9] 和帕克[11] 等人的研究。问题包括：我认为我能从新闻媒体上找到需要的新闻；我觉得自己能说出获得的新闻的意义和重要性；对于媒体发布的新闻，我有时不认可其中的某些事实或观点（M = 3.397，SD = 1.497，Cronbach's Alpha = 0.875）。

偶遇式新闻。本量表改编自万旋傲[18] 等人的研究。问题包括：我经常能在微信朋友圈、聊天、娱乐时，偶然获得和看到新闻；我的好友会给我分享他们关注的新闻；我认为我的朋友分享给我的新闻可信度很高；在偶然间看到或遇到新闻时，我会主动点击详情观看、点赞、转发（M = 3.262，SD = 1.007，Cronbach's Alpha = 0.893）。

新闻回避行为。本量表改编自斯科夫斯加德（Skovsgaard）[12] 等人的研究。问题包括：在看新闻时，我通常会做其他事来打发时间，如玩手机、聊天等行为；为了不看新闻，我会采取任何行动避开（诸如主动切换电视频道、关闭新闻推送功能、卸载新闻 App 或屏蔽新闻）；我觉得看新闻没有什么用，也不想在阅读新闻上浪费时间；我有更需要关注的内容，所以我经常错过或忘记看新闻；我需要上班、学习、出差等，导致我没时间看新闻（M = 3.435，SD = 1.180，Cronbach's Alpha = 0.901）。

控制变量。这一部分主要是青年群体的人口统计学变量信息和新闻偏好。包括性别（男性 = 1，女性 = 0）、年龄（18~25 岁、26~30 岁、31~35 岁、36~39 岁，分别赋值 1~4 分，M = 3.301，SD = 1.132）、受教育程度、专业、接触媒体类型。

表 1　关键变量测量结果

因素	克隆巴赫系数 Cronbach's Alpha	效度 （AVE）	描述性统计量	
			M	SD
新媒体新闻接触	—	—	2.720	1.037
新闻效能感	0.875	0.766	3.397	1.497
偶遇式新闻	0.893	0.671	3.262	1.007
新闻回避行为	0.901	0.781	3.435	1.180

注：M 指平均值，SD 指标准差。

四　数据分析

（一）青年群体的新媒体接触与新闻回避行为状况

参与问卷调查的青年群体接触新闻的媒介明显倾向于新媒体领域。如图 1 所示，超过八成（81.4%）的青年主要使用新媒体进行新闻接触，比主要使用传统媒体（18.6%）获取新闻的比例高出 62.8 个百分点。由此可见，新媒体已经成为青年群体感知世界的主要中介和渠道。如图 2 所示，在青年群体每天接触新媒体的频率中，3~5 小时占比最高（33.7%），1 小时以下占比最低（16.2%），1~3 小时、3~5 小时和 5 小时以上的占比总和为 83.8%，可见青年群体每天接触新媒体的频率也较高。

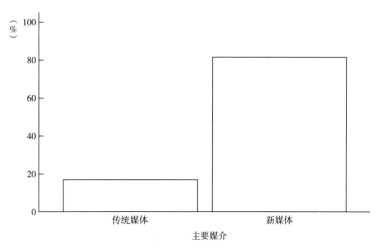

图 1　青年群体接触新闻的主要媒介及占比（N=511）

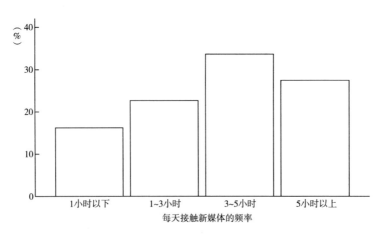

图 2　青年群体每天接触新媒体的频率及占比（N = 511）

其中，青年群体的新闻回避行为分为主动新闻回避（3 项）和被动新闻回避（2 项）两种，将 5 项新闻回避行为得分加总求平均值，代表被访青年群体新闻回避的综合得分，结果趋向中间值（M = 3.435，SD = 1.180）。研究结果还显示：第一，青年群体的主动新闻回避（M = 3.350）与被动新闻回避（M = 3.433）平均值趋近相同，说明其在行动性与非行动性新闻回避上不存在差异；第二，性别之间新闻回避行为不存在差异，男性新闻回避行为（M = 3.452）与女性新闻回避行为（M = 3.424）平均值趋近相同；第三，年龄与新闻回避行为之间没有显著相关性，通过比较各年龄组间平均值，发现得分最低组为 26～30 岁（M = 3.231），得分最高组为 31～35 岁（M = 3.600），各个年龄组间并不存在显著性差异；第四，专业为人文社科（M = 3.324）的受访者比专业为自然科学（M = 2.823）的受访者的平均值高，更有可能出现新闻回避行为。受教育程度与新闻回避行为间没有显著性差异。

（二）新媒体接触对新闻回避行为影响的回归分析

通过多元回归分析，来探究受访者的新媒体接触对新闻效能感和新闻回避行为的影响。结果显示（见表 2），在控制变量中只有主要的新闻媒体接触媒体类型（$\beta = 0.306$，$p < 0.001$），能显著预测新闻回避行为。作为自变量的新媒体接触，能显著预测青年群体的新闻回避行为（$\beta = 0.980$，$p < 0.001$）。使用新媒体频率越高的青年群体，越可能产生新闻回避行为。

所以，H1a 和 H1b 得到支持。

以新闻效能感为因变量的回归分析显示，在控制变量中，主要媒体接触类型（$\beta = 0.053$，$p < 0.001$）仍旧是能预测新闻效能感的因素。控制人口统计学等变量后，新媒体接触对新闻效能感仍然具有显著的正向作用（$\beta = 0.371$，$p < 0.001$）。因此，H2 得到验证。

以新闻回避行为为因变量，新闻效能感作为预测变量输入，结果显示：控制相关人口统计学变量和媒介接触类型等变量后，新闻效能感对新闻回避行为具有显著负向作用（$\beta = -0.146$，$p < 0.001$），新媒体接触的正向作用仍旧显著（$\beta = 0.524$，$p < 0.001$），但 β 值出现了明显的变化。据此可以初步推断，在新媒体接触对新闻回避行为的影响过程中，新闻效能感可能具有部分中介的作用。

表 2　预测受访者新闻效能感和新闻回避行为的线性回归结果

因变量模型	新闻效能感	新闻回避行为	
预测变量	模型 1	模型 1	模型 2
第一层（控制变量）			
年龄	-0.049	0.034	0.027
性别（女 = 0）	-0.022	-0.075	-0.071
受教育程度	-0.010	-0.066	-0.073
专业	0.118	-0.036	-0.007
接触媒体类型	0.053 ***	0.306 ***	0.030
$\triangle R^2$（％）	6.1	10.7 ***	10.7 ***
第二层（新媒体接触）			
新媒体接触	0.371 ***	0.980 ***	0.524 ***
$\triangle R^2$（％）	—	36.7 ***	36.7 ***
第三层（新闻效能感）			
新闻效能感	—	—	-0.146 ***
$\triangle R^2$（％）	16.9	—	38.5
Adj. R^2（％）	14.9 ***	35.2 ***	36.8 ***
F	8.5 ***	24.4 ***	22.5 ***

注：$N = 511$；β 为标准化系数值；$\triangle R^2$ 指两个线性回归模型之间的 R 方差异；Adj. R^2 指回归方程对因变量的解释力度；F 指方差检验量；* 代表 $p < 0.05$，** 代表 $p < 0.01$，*** 代表 $p < 0.001$。

（三）中介效应检验

在中介效应检验中，使用 Spss26.0 Zprocess 插件 3.2 版本的模式 4，以新媒体接触为自变量，新闻回避行为为因变量，新闻效能感为中介变量。Bootstrap 法效率高和结果可信度高，适用于本研究的中介效应检验。结果如表 3 所示，新媒体接触频率与新闻效能感之间存在显著性正向关系（$t=10.201$，$p<0.001$），以及新媒体接触频率与新闻回避行为间也存在显著性正向关系（$t=12.163$，$p<0.001$）。新闻效能感与新闻回避行为有着显著性正向相关关系（$t=6.212$，$p<0.001$）。为了进一步分析中介效应，所以进行了中介效应、直接效应及总效应三者的占比分析，结果如表 4 所示。Bootstrap 检验出 95 置信区间不包含 0，说明中介效应显著（$\beta=0.123$，$CI=[0.077，0.175]$，$p<0.001$）。根据鲁本·巴伦和大卫·肯尼提出的关于中介效应的论述，（条件 A）自变量显著影响因变量；（条件 B）自变量显著影响中介变量；（条件 C）在加入中介变量以后，自变量与因变量之间不再存在显著性关系。[19] 如果检验结果满足全部以上三个条件，则是完全中介效应。但如果能满足前两个条件，不满足第三个条件，那么便属于部分中介效应。基于分析得出的数据，发现将新闻效能感放入中介变量后，新媒体接触频率与新闻回避行为之间仍存在显著关系，只能满足以上的条件 A 和条件 B，并且中介效应占比 22.49%，故存在部分中介效应，H3 成立。

表 3　中介效应路径检验

因变量	自变量	系数显著性		拟合指标	
		t	p	R^2	F
新闻回避行为	新媒体接触	8.881	***	0.3	98.8
	新闻效能感	6.212	***		
新闻回避行为	新媒体接触	12.163	***	0.2	147.8
	新闻效能感	—			
新闻效能感	新媒体接触	10.201	***	0.2	104.1
	新闻效能感	—	—		

注：* 代表 $p<0.05$，** 代表 $p<0.01$，*** 代表 $p<0.001$。

表 4 中介效应占比分析

	Effect	SE	LLCI	ULCI	中介效应占比
中介效应	0.123	0.025	0.077	0.175	—
直接效应	0.423	0.048	0.330	0.517	—
总效应	0.547	0.045	0.458	0.635	22.5

注：*Effect* 指效应量；*SE* 指误差；LLCI、ULCI 表示置信区间。

（四）调节效应检验

对偶遇式新闻在新媒体与新闻回避行为中的调节效应进行分析。其中自变量为新媒体接触频率，新闻回避行为为因变量，偶遇式新闻为调节变量，并且需要对自变量与调节变量进行中心化处理。如表 5 所示，回归方程结果呈显著性（$R^2 = 0.269$，$F = 62.1$，$p < 0.001$）。如表 6 所示，在偶遇式新闻卷入新媒体接触频率与新闻回避行为后，可以发现调节项显著（$t = 2.604$，$CI = [0.021, 0.148]$，$p < 0.01$），说明调节变量对该模型的调节效应具有预测作用。因此，偶遇式新闻在新媒体接触频率与新闻回避行为中存在调节效应，受访青年群体的偶遇式新闻的不同程度或水平，显著调节着新媒体接触与新闻回避行为的关系强弱。

表 5 回归方程结果

新闻回避行为							
Model Summary							
	R	R^2	MSE	F	$df1$	$df2$	p
	0.518	0.269	1.024	62.1	3.000	507.0	0.000

表 6 交互性系数

	coeff	*se*	t	p	LLCI	ULCI
constant	3.468	0.047	74.520	0.000	3.377	3.560
新媒体接触频率（X）	0.479	0.045	10.649	0.000	0.390	0.567
偶遇式新闻（W）	-0.154	0.033	-4.689	0.000	-0.218	-0.089
Int_1（X×W）	0.085	0.032	2.604	0.009	0.021	0.148

注：*coeff* 指系数值；*se* 指偏差；t、p 指显著性；LLCI、ULCI 表示置信区间。

　　参考已有研究对调节效应简单斜率图的操作，本研究分别检验了调节变量偶遇式新闻高（M+1SD）与低（M-1SD）两种情况下，新闻媒体接触频率对新闻回避行为的作用。简单斜率的显示（见图 3），相对于偶遇式新闻认可度高的青年群体，新媒体接触频率对新闻回避行为的影响更大，即偶遇式新闻越高，他们出现新闻回避行为的概率越大，换言之，偶遇式新闻在新媒体接触频率与新闻回避行为中起到正向的调节作用。因此，H4成立。

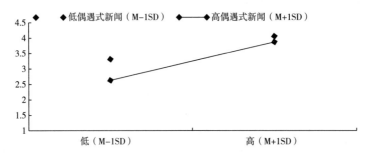

图 3　偶遇式新闻的调节效应

五　研究结论与启示

　　青年群体作为社会的中坚力量，既是推动社会发展的重要部分，也影响着舆论生态和社会稳定。特别是当前媒介化生存已演变为现实，而青年群体作为数字化原住民，其新闻接触内容、形式和特征正受到冲击和重构，新闻回避行为愈演愈烈。考虑到新闻在社会舆论引导和共同体构建中扮演的重要角色，亟须进一步研究青年群体新闻回避这一重要议题。基于网络调查，本研究从受众个体心理和社会影响角度出发，探讨青年群体新媒体接触对新闻回避行为的影响，并且重点关注新闻效能感与偶遇式新闻在这一关系中可能发挥的中介调节作用。

　　研究发现，青年群体的新媒体接触越频繁，新闻回避行为出现的概率越大。可见，新媒体技术带来海量信息与便捷化操作的同时，也唤醒了个体的否思性，催生了反连接的断联和反连接行为，凸显出对自我的控制意愿与反规训媒介实践。新媒体接触对于青年群体新闻回避行为的影响，除了直接的正向作用外，新闻效能感在其中发挥着重要的中介作用，影响着新闻回避行为的产生。青年群体的新媒体接触能够显著降低其新闻效能感，间接导致该群体新闻回避行为的产生。互联网技术的发展为我们带来更多的信息认知渠道，也在以潜移默化的形式改变我们的新闻消费习惯。但是新闻回避行为的产生，绝不是媒介技术单一要素使然，还需要考虑作为能动个体的受众的自我认知作用，其在个人的行为选择上具有重要作用。研究表明，在互联网技术兴盛时，个人的互联网效能感在信息搜索、新闻阅读和行为选择上都发挥了重要作用。虽然这是对心理学中自我效能感概念的借用，但在媒体技术日益浸润我们生活的当代，关注个体的自我认知如何影响他们在新媒体领域的行为选择具有重要意义。当代青年群体的新媒体接触日益成为其新闻效能感生成的关键因素，同时，通过新媒体接触不断增强的新闻效能感正成为影响青年群体新闻回避行为的重要因素。

在新闻效能感之外，偶遇式新闻在青年群体的新媒体接触与新闻回避行为之间起到一种显著的调节作用。由于传播技术的赋权与信息的弥散化，区别于传统媒体的绝对控制权，每个人都可以在社交媒体上，基于自己的喜好来分享、讨论新闻，也会在各种场景中间接、被动地接触新闻，这种新闻接触并非自己主动寻找的结果。在此场景下，偶遇式新闻在青年群体的新闻接触中扮演了重要角色。青年群体依靠好友、意见领袖作为新闻把关人，或借助偶然遇见的新闻来感知世界，将会直接或间接影响青年群体的新闻消费和社会化行为，值得我们深入研究。在未来研究中，应给予弥散在我们生活的偶遇式新闻相应的关注度，深化其学理性概念及实践作用机制，实现当前受众新闻消费转向研究的新图景。

本研究考察了当前媒介化生存时代青年群体新闻回避的影响因素。其中新闻效能感是个体对自身新闻选择和消费的自信程度的认知，偶遇式新闻是个体在社交媒体、互动和娱乐中被动遇到的新闻。前者是基于受众对客观发生新闻应对能力的自我认知和评价，属于个体的主观化感知，而后者是客观外部环境对自身新闻消费行为的影响因素，是一个较为常见但关注度较少的学术现象。本文首次将这两种变量结合起来，从受众个体内部和外部两个维度出发，证实了个人心理认知与外部因素对青年群体新媒体接触与新闻回避行为的中介调节作用，对于了解当代青年的新闻消费转向、阐释新闻回避行为的原因，进而找准问题帮助青年群体培养公共性，发挥新闻的建设性作用，构建社会共同体，推动社会的进步与发展具有重要意义。

　　本研究还存在一些局限，需要今后不断完善和深化。第一，关于偶遇式新闻的界定与测量，当前仍是该概念发展的初级阶段，学界尚未达成一致，需要寻找相关成熟的可靠的量表来进行测量。第二，由于资金与时间的限制，本研究的有效问卷数量为 511 份，在未来的研究中需要进一步扩大问卷样本量。第三，新闻回避行为量表还不是很成熟和完善，未来需要以能全面测量这种行为的成熟量表为支撑，提升研究的整体水平。关于新闻回避行为，以及作为中间因素的新闻效能感与偶遇式新闻，未来可以进行更深入的探讨和研究。

参考文献

［1］〔加〕马歇尔·麦克卢汉. 理解媒介——论人的延伸［M］. 何道宽，译. 北京：商务印书馆，2000：25.

［2］中国互联网络信息中心. 第 49 次中国互联网络发展状况统计报告［EB/OL］. 2022 - 02 - 25. http：//www.cnnic.net.cn/hlwfzyj/hlwxzbg/hlwtjbg/202202/t20220225_71727.htm.

［3］Stephanie Edgerly，李梓涵. 公众回避接触新闻的现象日益普遍［EB/OL］. http：//www.tsingyangroup.com/? p=4373.

［4］Bulck, V.D., Jan. Television News Avoidance：Exploratory Results From a One-Year Follow-Up Study［J］. *Journal of Broadcasting & Electronic Media*，2006，50（2）：231-252.

［5］Song, H., Jung, J., Kim, Y. Perceived News Overload and its Cognitive and Attitudinal Consequences for News Usage in South Korea［J］. *Journalism & Mass Communication Quarterly*，2017（4）：1172-1190.

［6］张雪. 弥散式新闻环境中的新闻回避及应对策略［J］. 青年记者，2020（36）：29-30.

［7］李彪，张雪，高琳轩. 从管理新闻到回避新闻：社交分发环境下新闻消费方式的转向［J］. 新闻与传播研究，2021（9）：23-38+126.

［8］Knobloch-Westerwick, S., Carpentier, F.D., Blumhoff, A., et al. Selective Exposure Effects for Positive and Negative News：Testing the Robustness of the Informational Utility Model［J］. *Journalism & Mass Communication Quarterly*，2005，82（1）：181-195.

［9］Trilling, D., Schoenbach, K. Skipping Current Affairs：The Non-users of Online and Offline News［J］. *European journal of communication*，2013，28（1）：35-51.

［10］Strömbäck, J., Falasca, K., Kruikemeier, S. The Mix of Media Use Matters：Investigating the Effects of Individual News Repertoires on Offline and Online Political

Participation [J]. *Political Communication*, 2018, 35 (3): 413-432.

[11] Park, C. S. Does Too Much News on Social Media Discourage News Seeking? Mediating Role of News Efficacy between Perceived News Overload and News Avoidance on Social Media [J]. *Social Media+ Society*, 2019, 19 (3): 1-12.

[12] Skovsgaard, M., Andersen, K. Conceptualizing News Avoidance: Towards a Shared Understanding of Different Causes and Potential Solutions [J]. *Journalism studies*, 2020, 21 (4): 459-476.

[13] Tsai, M. J., Tsai, C. C. Information Searching Strategies Inweb-based Science Learning: The Role of Internet Self-efficacy [J]. *Innovations in Education and Teaching International*, 2003, 40 (1): 43-50.

[14] Whelan, E., Brooks, S. Social Media Overload and Fatigue: The Moderating Role of Multitasking Computer Self-efficacy [C]. Paper presented at the 24th American Conference on Information Systems, New Orleans, LA., 2018, August 16-18.

[15] Case, D. O., Andrews, J. E., Johnson, J. D., et al. Avoiding Versus Seeking: The Relationship of Information Seeking to Avoidance, Blunting, Coping, Dissonance, and Related Concepts [J]. *Journal of the Medical Library Association*, 2005, 93 (3): 353-362.

[16] Gil de Zúñiga, H., Weeks, B., Ardèvol-Abreu, A. Effects of the News-finds-me Perception in Communication: Social Media Use Implications for News Seeking and Learning about Politics [J]. *Journal of computer-mediated communication*, 2017, 22 (3): 105-123.

[17] 万旋傲. 偶然接触新闻的再流行: 理论延展及其知识限度讨论 [J]. 新闻界, 2022 (5): 4-14.

[18] 万旋傲, 刘丛. 不主动寻找新闻也能保持消息灵通吗? ——"新闻找到我"感知对微博知识效应的影响研究 [J]. 新闻与写作, 2022 (2): 77-88.

[19] Baron, R. M., Kenny, D. A. The Moderator-mediator Variable Distinction in Social Psychological Research: Conceptual, Strategic and Statistical Considerations [J]. *Journal of Personality and Social Psychology*, 1986, 51 (6): 1173-1182.

从钟表时间到网络时间：传播政治经济学视域下社会加速的产生与机能

——对抖音倍速播放功能的主题分析

张　玎[*]

摘　要： 本文在时间景观理论的基础上，通过对不同时间景观的形成原因和影响的传播政治经济学分析发现，社会时间一方面可以被后天塑造，另一方面赋予了我们生活的动力结构。作为现代社会图景的时间景观依照资本逻辑被塑造和形成，人的行为被自己经验的时空里无处不在的资本逻辑所改变。发展至今的网络时间的本质是加速，"倍速播放"这一现象形成的根本原因与视频长短无关，它是不断加速的社会中人们的必然选择。

关键词： 倍速播放；抖音；加速理论；社会时间；时间景观

From Clock Time to Network Time: the Production and Function of Social Acceleration in the Context of the Political Economy of Communication

—A thematic analysis of Tiktok's playback speed feature

Ding Zhang

[**Abstract**] Based on the combing of Timescapes theory, this paper finds through the analysis of the political economy of communication on the causes and effects of the formation of different temporal landscapes that social-time on

---

*　张玎，广西大学新闻与传播学院硕士生。

the one hand can be shaped by the acquired, and on the other hand can give the dynamic structure of our lives. The Timescape as a picture of modern society is shaped and formed according to the logic of capital, and human behavior is changed by the logic of capital that is omnipresent in the space-time of one's own experience. The essence of the developed network time is acceleration, and the root cause of the phenomenon of "faster playback speed" has nothing to do with the length of the video, but is the inevitable choice of people in an ever-accelerating society.

[**Keywords**] Faster Playback Speed；Tiktok；Accelerationism；Social-time；Timescapes

一　问题的缘起："为什么短视频都需要倍速观看？"

"倍速观剧"作为近年来一个独特的文化消费现象，引起了众多学者的关注和讨论。相关研究从观众心理、内容生产和消费等角度对此现象产生的原因进行了分析，大多聚焦于节省时间和过滤"注水"剧情两方面。[1]如今，仅出现在长（中）视频中的倍速播放模式，也被应用于短视频平台——抖音、快手、小红书等都于 2021 年 10 月相继推出了倍速播放功能。如果倍速观看的背后反映的是观众对于效率和质量的要求，那么倍速播放功能为何会下沉到内容相对浓缩且时长较短的短视频平台，这种变化的动力是源于开发者顺应受众使用惯性还是代表了一种必然趋势，其原因值得进一步深入思考。

需要说明的是，本研究将基于这样一种假设展开论述，即"倍速播放"功能下沉至短视频平台是社会加速的必然产物。为此，笔者试图通过对社会时间理论的梳理，打通社会的时间结构，技术的诞生和影响，人的意识、心灵和行为三者的关系，同时利用传播政治经济学的路径和视角找出当下普遍存在的对速度和时间渴求的心理机制是如何产生的、作为技术的媒介在其中发挥了怎样的作用，以及这种全新的不断加速的社会时间如何影响媒介的发展等问题的合理解释，借此寻找到倍速播放这一传播现象诞生的底层逻辑和根本原因。

二　时间景观理论：重塑社会理论的核心

人类是目前已知的唯一拥有能动地探究时空、节奏、速度等能力的生物。现代社会日常生活中民众普遍具有的那种线性的、抽象的、可计算的时间感知，其诞生能够追溯到几个世纪前——牛顿力学的时空观提供了一种稳定的、匀质的、既定的对于经验世界的描述，这种描述在 20 世纪初的物理学革命里使现代物理学得到了极大的丰富和发展。哲学领域内，从古希腊的赫拉克利特、毕达哥拉斯学派，到以圣奥古斯丁为代表的经院哲学家，再到现代的海德格尔、柏格森、胡塞尔等，哲学家对时空问题的思考从未停止。物理学家和哲学家对时空特性的阐释，促进了社会科学对时间、空间、速度等问题的研究，虽然在很长一段时间内，在现代社会学分析中，时间一直是某种缺席的变量。[2]学者"所使用的时空概念，大体上是日历时间和地理空间，属于'自然时空'，而不是明确的'社会时空'，社会时间和社会空间概念至今仍在探索和形成的过程中"[3]。但这种状态随着对现代性的研究需求的日趋急迫而面临消失，正如哈特穆特·罗萨（Hartmut Rosa）所说，"若想要检验我们生活的结构和质量，就必须聚焦于我们的时间模式"[4]。被秩序化和理性化的时间站在了现代性的核心位置，想要真正理解现代性，必然要对社会时间的本质，以及人类自身和社会时间的关系有更深刻的探知。

这种近乎"时间无涉的"社会科学研究状态最初是由埃米尔·涂尔干（Emile Durkheim）打破的。在《宗教生活的基本形式》中，涂尔干对社会时间进行了定义，在他看来，社会时间是集体的产物。"时间范畴所表达的则是群体共同的时间，即我们所说的社会时间。根本上说，时间范畴是一种名副其实的社会制度。"[5]

罗伯特·默顿（Robert Merton）和皮蒂利姆·索罗金（Pitirim Sorokin）在吸收了涂尔干和其他人类学者①的研究成果的基础上，阐释了社会时间与天文时间的区别和联系，他们认为社会时间是以其他社会线性为参照点对某些社会现象的变化和运动所做的表达，它"来自由群体所共有的信念

---

① 如科德林顿（Codrington, 1891）、霍德森（Hodson, 1908）、贝斯特（Best, 1922）等，详见约翰·哈萨德编著的《时间社会学》。

和习惯……服务于呈现它们在其中被发现的各种社会的韵律、跃动和节拍"[2]。当行动被机械的钟表时间所强制，它和原有的天文时间的矛盾便会导致行动者在时间安排上出现困扰和不适。

受以上学者启发，诺贝特·埃利亚斯（Norbert Elias）进一步指出，"在生理上具有记忆能力和综合能力的人类群体，在两个或更多的连续变化之间建立起一种关系，在此过程中，一个变化被用来作为另一个（或一些）变化的参照框架、标准或是度量。'时间'一词，即是这种关系的象征"[6]。对此，西蒙内塔·塔博尼（Simonetta Tabboni）评论道："埃利亚斯认为，时间的社会建构是基于人类所独有的能力，人类能够经验变化，做出反应，赋予经历以意义。"[7]换言之，埃利亚斯认为要从本质上把握对时间的理解，只能通过将其视为"社会时间"来完成。但由于二者不约而同地把研究聚焦于抽象的社会原子——个体生命之上，社区、群体、世界、自我与他者的互动和联结都被忽略了。亨利·列斐伏尔（Henri Lefebvre）和布鲁诺·拉图尔（Bruno Latour）则在这一研究领域有所建树。

在 1991 年出版的《空间的社会生产》一书中，列斐伏尔指出，社会生产中时空是浑然一体的，"（社会时间的）节奏总是与空间密切关联……如果尝试着对它们进行分析，我们会发现有些节奏易于辨别，呼吸、心跳、干渴、饥饿和睡眠的需要等，皆属此类。然而，另外有些节奏则相对模糊，如性欲、生育、社会生活或思想。也就是说，有些节奏运行于表层，而有些则源于隐蔽的深处"[8]。拉图尔则进一步指出，"正是一个连贯的整体内不同实体间的系统性的联结，构成了现代时间的流动"[9]。以上种种都在助力我们掌握更多"社会学视角下时间问题"的批判理论，但并未形成一个完善的理论框架，同时"这些作者之间没有共同的关注点……关于将时间作为社会理论的中心意味着什么，没有任何两条理论能够达成共识……在这个概念上的混乱的迷宫里没有指示方向的路标"[10]。面对理论和研究范式的困境，芭芭拉·亚当（Barbara Adam）通过引入一个全新的概念——"时间景观"，在丰富社会时间理论的同时，完成了对它的系统化和结构化工作。

亚当继承了列斐伏尔的时空一体思想，时间景观是时空整体，景观（scapes）一词本身就包含她对时空二元论的驳斥，但另一方面，时间景观也并不等同于时间和景观两重要素的简单叠加，"时间景观，则强调它们的节律，它们的时机和步调，它们的变化与偶然。时间景观的视角，强调的是生活的时间特征"[11]。①"时间景观"这个概念最重要的贡献，在于它对社会时间的功能的强调。而这种功能及其对人的影响，同时也是所有社会时间研究者共同得出的一致性的发现。[12]

"社会时间"中的"社会"并不是外在的、纯粹的实体，在亚当的描述中，它是"节奏和时间性的交响"，在这样的"交响乐"中，时间和人"彼此渗透，相互影响……一切都是共生并存的……为我们的生活赋予动力结构，并弥散于我们的存在的每一个层级和每一个方面"[11]。亚当的这段论述一方面解释了为什么时间可以被构建，因为"它既构成人们内部的律动节奏，同时又嵌于宇宙的律动系统之中"，是个人和集体的经验；另一方面，也道明了为何时间一定会被重构——由于时间拥有塑造人的意识和心灵这种强大的功能，因此必然会被诉诸满足某些需求，在其被塑造和转变的过程中，动态多元的社会图景也依此而成，并分化成不同的政治、经济、文化样态。在时间景观的概念下，人类的现代文明可以被划分为两种更加宏大的社会图景，即笔者选用的钟表时间和网络时间。

国内已有学者对时间观念的演变进行了梳理，并划分出自然时间和农业社会、钟表时间和工业社会、媒介时间和信息社会三组一一对应的概念。但是，本研究所提出的钟表时间和网络时间等概念与前人所指并非同一概念，前者代表的是一种整体的多元的社会图景，而后者更近似于民众的时间观念或时间意识。在《媒介时间的来临——对传播媒介塑造的时间观念起源、形成与特征的研究》中，作者说明了"媒介时间"概念的由来：

> 上述提出的"即时性时间""软件时间""计算机时间"，是媒介时间研究的起点，它们从不同的角度揭示了新技术对钟表时间的深刻冲击。……"媒介时间"的命名，正是在承认技术对事件改造的决定性作用的前提下，一方面将塑造时间的技术（主要是通信技术）——计算机、互联网、移动电话、广播电视等——归结为传播媒介；另一

---

① 为了说明时间景观与普通景观的区别，芭芭拉分别选取了陆地、城市、海洋做对比，意在指出普通景观强调事物的空间特征，而时间景观更关注生活的时间特征，原文为：Where other scapes such as landscapes, cityscapes and seascapes mark the spatial features of past and present activities and interactions of organisms and matter, timescapes emphasize their rhythmicities, their timings and tempos, their changes and contingencies。

方面又从媒介内容着手，研究传播媒介在时间转型过程中的作用。新的时间观念正是媒介技术与大众传播媒介内容共同作用的结果，因而将之命名为"媒介时间"。

驱动社会的时间结构发生改变的技术未必都是媒介技术，单以"媒介时间"命名或更易造成误解。"钟表时间"这一以钟表作为与之同存的一系列技术驱动的时间景观，已经得到学界广泛的接受。遵循其命名逻辑，将本研究所指的以互联网作为标志性技术催生的时间景观定义为"网络时间"更为合理。

三　从钟表时间到网络时间：一段资本主义编年史

在这一部分论述开始之前，笔者有必要先说明一个问题，那就是，作为技术的"钟表"和"网络"，与社会的时间结构究竟存在怎样的关系？

关于钟表和它所隐含的对时间理性化和秩序化的处理，刘易斯·芒福德（Lewis Mumford）曾做过相当精妙的评论，在他看来，"现代工业时代的关键机器不是蒸汽机，而是时钟。在时钟发展史的每一个阶段，它都是机器的出色代表，也是机器的一个典型符号"[13]。

正如芒福德所说，钟表所代表的时间，是一种线性的、可计算的、理性化和秩序化的时间。当钟表所带来的时间景观开始深入社会，作为一种强大的赋权和异化工具，钟表时间成了工业资本主义的习惯和机制，时间在人类历史上第一次变成了可计划的、可安排的、可组织的日程表。钟表不再是钟表，而是工业革命的组织逻辑，是人们的生产生活节奏。借用麦克卢汉的话来说："我们发明工具，然后工具塑造我们。"[14]

时间化的技术进入社会关系中，塑造了自印刷革命以来的人类的现代性生活，一种工业化和现代化生活所带来的时间接管了人类的生命时间，人类被迫去适应这种时间秩序带来的生活方式。然而这一切并没有结束，互联网所带来的时间逻辑改变了这一切，时间飞逝在今天是如此明显，短短30年，社会已经被互联网真实地塑造成了罗萨代表作的标题——"加速的社会"。

技术本身并不等于加速，能够产生加速的机制是技术的迭代升级。在自由市场，技术的更迭源于永无休止的竞争。资本永远不会停止追逐利益，而时间又对获得利益至关重要。当旧有的对时间和信息的处理方式无法满足资本主义的需求，技术发展也就成了必然。"商业和时间的联系，触及技术发展的核心动因。欧洲中世纪晚期，时间和金钱的增加在人类事务中具有极端重要性，这前所未有地刺激和推动了对技术发展的探索"[9]，这些能让"固有的一切都烟消云散"的技术通过被时间化而重新塑造了人的生活，简言之，资本主义直接或间接地利用技术，影响和改变了人类的时间意识与经验的时空。

在劳伦斯（David Herbert Lawrence）的小说《恋爱中的女人》里，矿主的儿子杰拉德从美国引进了一套庞大而完善的科学管理系统，以及诸多先进设备。生产的每个环节都由专业人员掌握，工人们被剥夺了一切控制权力，完全沦为单纯的机器和工具，不得不拼命工作，以求生存。起初工人们对机器和管理科学恨之入骨，可随着时间推移，工人们最终"极乐意归属于这样伟大绝妙的机器，尽管这机器正在毁灭他们"[15]。《恋爱中的女人》成书于 1920 年，这样荒诞的剧情并非仅来自作者的灵感创作，它所反映的时代状况，普遍存在于同时期的其他艺术作品中。上映于 1936 年的电影《摩登时代》里有这样一段剧情，资本家为了以更高的效率生产商品，开始寻求一种能够自动给工人喂饭的机器。推销机器人用留声机说道："领先您的竞争者……自动喂饭机器将降低您的管理成本。"

"科学管理"是两部影响力巨大的作品不约而同提及的概念。随着1911 年泰勒（Frederick Winslow Taylor）的《科学管理原理》问世，以及福特公司生产流水线诞生，如何更高效率地利用时间，最大限度科学合理地使用时间，正式成为现代企业生产和管理的核心议题。在社会主义阵营，列宁也迅速采纳了"福特"们的管理技术[16]，以期用最快的速度建设苏联，钟表所隐含的计划性的、组织化的意识形态在东西方国家达成了共识[17]。

自资本主义诞生之日起，资本的运动逻辑就像《共产党宣言》中所写的那样，"到处落户、到处开发，到处建立联系"，它对地理版图的拓展从未停歇，到 20 世纪 70 年代，除极少数国家外，资本的力量和意志全面地统治了世界，传统资本主义和传统的时空概念，已经无法满足资本追逐利益的需求，17 世纪以来那种由钟表控制，和大机器生产同频的速度，在不断发展日趋激烈的全球化过程中已经显得不够快速。此外，20 世纪 70 年代的经济滞胀和石油危机促进了资本主义经济由自由主义向新自由主义转变。"资本主义更为灵活地运转，凸显了现代生活中新奇快速、转瞬即逝、变动不居和临时偶然。"[18]一个全新的，更自由灵活的世界正在被创造出来，速度和加速度成为资本主义最近一次迭代的全新特性，在这一转变中，钟表时间失去了原有的支配地位。

计算机、网络、信息处理的兴起让体量巨大的跨国企业把生产速度提高到以往人力或机械无法触达的高度，只不过这次是在一个虚拟的时空中。人们在网络上任何的浏览、阅读、观看行为都可以被观察和分析，并被转换成一种对资本有价值的信息，这正符合丹·希勒（Dan Schiller）所说的，"各行各业的公司都在努力把因特网当作一种新的、分散的全球信息基础设施的基础"[19]。

对普通人而言，时间在计算机网络里流动，人们不可避免地将时间性和真实的社会图景带入数字网络中，而时间性又借助信息媒介持续不断地建构社会现实，我们在社交媒体上建立的连接越密集快速，这种速度带来的变化越容易在现实层面外显化、日常化和普遍化。由此，我们创造了一个全新的时间景观——网络时间，而网络时间的本质正是加速。

四　加速主义、倍速播放与异化的终结

1928 年，凯恩斯在他的文章《我们后代在经济上的可能前景》乐观地预言，再过 100 年，人类将彻底解决困扰千年的问题——随着科技和经济的发展，所有人的工作时间将越来越短，人们有望迎来解放。[20]但 90 余年过去了，先进的数字技术没有能减少人类的工作时间，反而让我们在生活和工作中更觉时间紧迫。

以罗萨为代表的西方左翼哲学家将社会加速分为技术的加速、社会变迁的加速和生活节奏的加速三个维度。其中，技术的加速是人们感知最清晰同时也最容易被观测到的。媒介的历史就是一部技术史，从印刷术到互联网，媒介内在时间逻辑不断加速为社会带来巨大的变革。社会变迁的加速主要表现为家庭结构和职业系统的不稳定，比如离婚率逐年提高。生活节奏的加速更多表现为人们需要更快速地完成一件事，紧接着去完成下一件，永不停歇。

在马克思看来，"社会加速"就本质而言，是资本对利益的追求和对

人的剥削，"在资本主义社会里，一个阶级享有自由时间，是由于群众的全部生活时间都转化为劳动时间了"[21]。无论是技术的加速、社会变迁的加速，还是生活节奏的加速，其根本作用都是为了延长劳动时间、增加劳动强度、提高劳动效率，更快速地实现再生产和资本增值。社会的加速节奏之所以势不可挡，就在于它是资本发展的必然逻辑，也是资本增值的必要条件。与之相对应的是，消费主义大行其道，消费取代生产成为社会的中心。[22]消费不再是为了满足生存需要，而是出于消费的欲望。消费的最终目的是快乐，努力工作已不再是自觉自愿的活动，而成为维持生计并获取消费品的手段。

　　无论是物质消费还是精神消费，这种简单粗暴的意识形态背后，是一整套系统严密的运转逻辑。以抖音为例，单位时间内观看短视频的速度提升，用户对短视频的需求量也会上升，社交平台的人工智能算法能够更清晰地了解人们的喜好，从而更加精准地投放广告，增加商业性营业收入。嵌入心灵的时间把"加速"渗入意识，直到把自己变成符合资本统治要求的"单向度的人"——如同钟表时间下流水线上拧螺丝的工人，无须知道为什么这样做，更无须反思——在资本主义安排的生产与消费中消耗了所有的时间和精力。只要继续保持加速播放的状态，继续"让观看行为被动转换成信息，这些信息不仅巩固了控制技术，还变成了市场上的剩余价值的一种形式，这个市场是建立在积累使用者行为的数据基础上的"[23]就可以了。

　　如前文所述，目前国内不少研究将倍速观看的原因归于国产剧节奏缓慢、剧情密度低，但此类研究无法解释为何内容高度浓缩和时长短的短视频也会推出倍速播放功能，同时，这种结论忽略了一种隐秘的倍速形式，那就是在各类长（中）视频平台、短视频平台上播放量居高不下的"几分钟速览经典影片"系列。参考粉丝数量高达 2627.7 万人的影视类抖音博主"布衣探案"的部分解说视频（见表 1），不难发现，不是倍速播放功能的出现造就了当下的文化奇观，而是资本驱动塑造而成的大众对时间的感知和对加速的渴求，在底层彻底改变了人们的生活和审美，从而推动了倍速播放这种传播现象的流行。倍速播放的形式不再以视频的类型和时长为区分，它只代表了一种核心追求，那就是加速。正如罗杰·西尔弗斯通所描绘的，"在电视机前，时间飞逝。以前由日历上安排好的计划，现在由电视（广播）节目预告代劳"[24]，变为在手机前，时间飞逝。以前由电视（广播）节目塑造的大众对时间的感知，现在由倍速播放的短视频代劳。

表1 抖音博主"布衣探案"部分解说视频数据与内容对应的影片原数据

影片名	影片类型	影片原时长（分钟）①	解说视频时长（分钟）	播放量（万次）②
《阿甘正传》	经典	142.0	12.0	643.7
《少年派的奇幻漂流》	经典	127.0	8.0	173.1
《天堂电影院》	经典	173.0/155.0/123.0/124.0	10.0	122.8
《模仿游戏》	悬疑	114.0	11.0	244.6
《机器人总动员》	经典	98.0	11.0	341.6
《火星救援》	科幻	151.0/144.0	8.0	207.6
《金蝉脱壳》	悬疑、惊悚	116.0	10.0	220.8
《心灵捕手》	经典	126.0	12.0	413.9
《异次元骇客》	悬疑、科幻	100.0	15.0	86.3

此外，鲜少有学者关注到的是，观看视频并在社交媒体上进行讨论已经日益成为一种较为常见的文化消费习惯。技术在发展的过程中塑造了自己别样的时空，因而也就塑造了新的时间结构和社会关系。"倍速观剧"的现象或许还可以这样解释：当观看速度的差异足够大时，两个同处于一个物理时空下的个体，可以获得完全不同的生命体验，继而可被视作处于两个完全不同的时空下。人作为社会中的一员，观看视频不仅是为了满足自己的审美和娱乐需求，其中还包含着满足追赶热度、参与话题、和线上或线下的他人保持交流互动的需要，倍速播放作为"加速的社会"中更经济、投入产出比更高的选择，理应受到更多青睐。

乐观主义者可能会劝导我们，不要一味将其看作时代和集体的顽疾，随着强人工智能、脑机接口、体载芯片等技术日趋成熟，一个不需要阅读过程即可完成阅读、不需要观影时间即可完成观影、不需要相识数载即可"倾盖如故"的时代似乎就在不远的将来。"现在被称作'注意缺失紊乱'的病症在未来可能会被称为'快速反应和回馈的能力'。"[25]

---

① 因电影剪辑版本不同，所以存在多个时长。

② 播放量数据截取至2021年11月5日。

让我们回到凯恩斯的文章《我们后代在经济上的可能前景》中，互联网技术并未如预期那般增加人们的幸福感，在资本逻辑主导的时间景观里，新兴科技的加速发展与资本增值的互动，前者加速了资本对人的自由时间的剥夺，进而加剧了人的生存境况的恶化。在资本主义初期人的异化主要存在于生产领域，而"在现代资本主义社会，它却借'社会加速'的面具，以一种温和的、隐蔽的方式侵犯着人们的生产、生活，甚至人的生命本身"[26]。

消除资本逻辑，实现人类的解放和人的自由而全面的发展，需要打破资本主义对技术加速的垄断，遏制资本对技术的异化，令能够让"固有的一切都烟消云散"的技术真正服务于人，技术异化的消失能有效避免时间的异化，而当时间的异化终止时，人的异化自然而然也会终止。"一旦人们消除异化或寻找到一条不同于异化的路径……人的生产和生活不再以资本增值为目的，不再为填补欲望的沟壑，不再盲目追逐'社会加速'，而是对人的本质的重新占有和自由全面发展，由此才能通达自由王国，进而获得美好生活。"[26]

参考文献

[1] 李斐然."加速"观看：新媒体环境中影视剧的观看时间的变化趋势 [J].东南传播，2019（6）：121-125.

[2]〔英〕约翰·哈萨德.时间社会学 [M].朱红文，李捷，译.北京：北京师范大学出版社，2009：22.

[3] 景天魁.中国社会发展的时空结构 [J].社会学研究，1999（6）：54-66.

[4]〔德〕哈特穆特·罗萨.新异化的诞生 [M].郑作彧，译.上海：上海人民出版社，2018：22.

[5]〔法〕埃米尔·涂尔干.宗教生活的基本形式 [M].渠东，汲喆，译.北京：商务印书馆，2011：23.

[6] Norbert, E. *Time: An Essay* [M]. New York: Blackwell, 1992: 72.

[7] Tabboni, S. The Idea of Social Time in Norbert Elias [J]. *Time & Society*, 2001, 10 (1): 5-27.

[8] Lefebvre, H. *The Production of Space* [M]. Wiley-Blackwell, 1991: 205.

[9]〔澳〕罗伯特·哈桑.注意力分散时代 [M].张宁，译.上海：复旦大学出版社，2020：17.

[10]〔英〕芭芭拉·亚当.时间与社会理论 [M].金梦兰，译.北京：北京师范

大学出版社，2009：14.

　　［11］Adam，B. *Timescapes of Modernity：The Environment and Invisible Hazards* ［M］. London：Routledge，1998：10.

　　［12］Rosa，H. *Social Acceleration：A New Theory of Modernity* ［M］. Trejo-Mathys，J.，trans. Columbia University Press，2013：512.

　　［13］〔美〕刘易斯·芒福德. 技术与文明 ［M］.陈允明，王克仁，李华山，译. 北京：中国建筑工业出版社，2009：17.

　　［14］许金锋，杨潇潇. 麦克卢汉媒介技术哲学研究 ［J/OL］. 理论月刊，2013（9）：39-42.

　　［15］〔英〕D. H. 劳伦斯. 恋爱中的女人（修订版）［M］.黑马，译. 江苏：译林出版社，2016：251-252.

　　［16］Hatherley，O. *The Chaplin Machine：Slapstick，Fordism and the Communist Avant-Garde* ［M］. Pluto Press，2016：141-172.

　　［17］Watson，D. Fordism：a review essay ［J］. *Labor History*，2019（2）：144-159.

　　［18］李雪阳. 大卫·哈维“全球霸权转移”思想批判性考察——基于“时间—空间修复”分析视角 ［J］.当代经济研究，2021（4）：45-53.

　　［19］〔美〕丹·希勒. 数字资本主义 ［M］.杨立平，译. 江西：江西人民出版社，2001：32.

　　［20］Keynes，J. M. Economic Possibilities for Our Grandchildren. In：Essays in Persuasion. London：Palgrave Macmillan，2010：321-332

　　［21］马克思恩格斯全集：第42卷 ［M］.北京：人民出版社，2016：543.

　　［22］〔英〕齐格蒙特·鲍曼. 流动的现代性 ［M］.欧阳景根，译. 北京：中国人民大学出版社，2018：231-242.

　　［23］〔美〕乔纳森·克拉里. 24/7：晚期资本主义与睡眠的终结 ［M］.许多，沈河西，译. 南京：南京大学出版社，2021：26.

　　［24］〔英〕罗杰·西尔弗斯通. 电视与日常生活 ［M］.陶庆梅，译. 江苏：江苏人民出版社，2004：250.

　　［25］〔德〕托马斯·埃尔塞瑟，李洋，黄兆杰. 媒介考源学视野下的电影——托马斯·埃尔塞瑟访谈 ［J］.电影艺术，2018（3）：111-117.

　　［26］马俊峰，马乔恩.“社会加速”与“美好生活”之间的张力与超越——基于马克思主义资本批判逻辑的分析 ［J］.南京大学学报（哲学·人文科学·社会科学），2019（6）：14-22.

政务抖音号的知识传播研究

——基于用户访谈数据的扎根分析

赵大友　袁丰雪 *

摘　要： 本研究以政务抖音号的知识传播为研究对象，通过扎根理论的研究方法对原始文本数据进行编码分析，归纳总结出政务抖音号进行知识传播的影响因素。通过构建政务抖音号知识传播影响因素模型，发现作为外部条件的环境因素、作为内部条件的客体因素，以及作为保障条件的主体因素均对政务抖音号的知识传播效果产生影响。其中，环境因素包含信息技术等内部环境因素以及文化环境、法律制度等外部环境因素，主体因素包含政务主体权威性、政务主体定位、政务主体互动性等因素，客体因素包括信息类型、背景音乐类型、标题语体特征及视频时长等因素。

关键词： 政务抖音号；知识传播；扎根理论

The Research on the Knowledge Dissemination of Government Tiktok Account

—Rooted analysis based on user interview data

Dayou Zhao；*Fengxue Yuan*

[**Abstract**] This study focus on the knowledge dissemination of the government Tiktok account as the research object. The original text data is encoded and analyzed through the research method of rooting theory, and the

---

＊ 赵大友，鲁东大学文学院新闻与传播专业硕士生；袁丰雪，女，鲁东大学文学院传媒系教授。

influencing factors of the knowledge transmission effect of the government Tiktok accounts were summarized. By constructing the influencing factors of the knowledge communication of the government affairs, the study found that the environmental factors as an external condition, the object factors of the internal conditions, and the main factors of the guarantee conditions have effectively affected the knowledge spread of government Tiktok account. Among them, environmental factors include technical, social and legal factors, object factors include information type, background music type, titled appropriate performance, video duration and other content factors. The main factors include the authority of government affairs subjects, the positioning of government affairs subjects, and the interaction between government affairs subjects, etc. factor.

[**Keywords**] Government Tiktok Account; Knowledge Dissemination; Grounded Theory

一 引言

政府作为公共服务的主要提供者,在社会治理中扮演着不可或缺的角色。2021 年 6 月,国务院印发《全民科学素质行动规划纲要(2021—2035年)》,提出"科技资源科普化"以及"科普信息化"工程,指出围绕加强和创新社会治理,需要科学素质建设,以促进人的现代化,营造科学理性、文明和谐的社会氛围,服务国家治理体系和治理能力现代化。[1]当下短视频的出现使知识传播的方式从结构化的"正式文本"(formal)向去结构化的"非正式文本"(informal)转变,政务抖音号凭借算法推送、技术支撑、内容制作等一站式视听服务迅速被大众接受和追捧。根据中国互联网络信息中心(CNNIC)发布的第 50 次《中国互联网络发展状况统计报告》数据,截至 2022 年 6 月,我国短视频的用户规模增长最为明显,达9.62 亿人,较 2021 年 12 月增长 2805 万人,占网民整体的 91.5%。[2]短视频在互联网跨越式发展中已然成为极具影响力的角色。在抖音短视频平台中政务抖音号的知识传播方式,具有信息发布时效性强、与公众互动性佳和舆论引导效果好等特点。在此背景下,研究政务抖音号知识传播的影响因素，发掘政务短视频传播效果提升的手段和方法，有助于推动政务短视频内容不断优化，提高各级政府管理水平和治理效能，促进社会经济文化发展。

二　研究综述

通过对文献的梳理回顾，当前学界对于政务短视频的研究主要有以下几个方面。

其一，从研究的角度来看，主要有政务短视频的内容生产、传播策略、影响因素等角度。内容生产角度：探究政务短视频内容生产的特点，王程伟等人从政务短视频的视频内容、题材和呈现形式等方面，结合具体案例对爆款政务短视频的共性特征进行总结归纳。[3]传播策略角度：杨一森等人从政务传播视角出发，结合"四平警事"的传播优势展开分析，从生产场域、应用场域、传播场域三个角度提出提升政务短视频传播力的建议。[4]郭萍从功能定位、设置议题、内容创作三方面提出策略建议。[5]影响因素角度：陈强等人以政务抖音号"共青团中央"作为研究对象，构建政务短视频公众参与影响因素模型，验证了信息类型、背景音乐、标题语用、视频时长等因素会影响公众参与的点赞维度、评论维度和转发维度。[6]巫霞等人结合病毒式传播和信息采纳模型，从政府供给侧和公民需求侧两个方面研究了七种因素对政务短视频传播力的影响。[7]结合以上研究发现，目前大部分学者的研究聚焦于政务短视频的内容生产、传播策略、影响因素，各类研究能够较为全面地覆盖政务短视频的研究视野，但是仍存在一定局限，即当前政务短视频的研究进展落后于政务短视频的建设进程。

其二，从研究的方法来看，定性研究居多，定量研究欠缺。定性研究方面，赵艺扬通过梳理政务短视频存在的问题，从制度管理、内容生产、账号运营、人才队伍和传播效果等角度提出优化路径。[8]定量研究方面，于晶等人利用德尔菲法（专家调查法）、灰色统计法和层次分析法等分析方法构建政务短视频传播效果评价体系并确定权重，并结合政务抖音号"长沙发布"进行了传播效果的实证分析。[9]刘柳等人基于技术接受和创新扩散理论，实证分析了省市两级政府采用政务短视频的影响因素，发现地区原有新媒体数量、人口规模和移动互联网渗透率对于地市级政务短视频开通数量产生正向影响。[10]目前关于政务短视频的研究大多采用定性研究方法，探究政务短视频的发展现状，并提出优化路径，但客观性有所欠缺。

其三，从研究的内容来看，主要包括政务短视频与政府形象塑造、政务短视频与公众参与、政务短视频与舆情传播。魏超选取"栾川城管""武汉洪山城管"等政务抖音号对城管形象重塑和去污名化效果进行了探究。[11]刘峰等人以上海市 16 个区级融媒体中心的抖音官方账号为例，运用编码和数据分析发现短视频内容生态与受众信息采纳存在显著正相关关系。[12]李磊等人从政务短视频的实用性角度出发，通过对舆情发展阶段的梳理，发现现阶段政务短视频舆情引导存在政府供给侧不健全、公民需求侧未满足、舆情监管不到位、舆论发展不平衡等问题，并结合现阶段存在问题提出具有针对性的应对策略。[13]

通过梳理文献发现，当前政务短视频研究领域能够较为全面地覆盖研究热点和政府需求，同时结合多样化的研究方法以及发散角度对政务短视频展开系统性的研究，但仍存在一定研究局限。一方面，采用归纳法自下而上的观察式、探索式的研究较少；另一方面，聚焦于知识传播类政务短视频的研究较少。因此，如何让政务短视频更好地发挥其效用，如何在知识传播领域实现知识生产的精益化、多元化、立体化，需要学界的研究和探讨。

三　研究设计

（一）研究方法

本研究从公众视角入手，深入剖析政务抖音号进行知识传播的影响因素。以社会学家巴尼·格拉泽（Barney Glaser）与安塞姆·斯特劳斯（Anselm Strauss）于 1967 年首次提出的扎根理论作为研究方法。[14]旨在通过归纳总结的方法，自下而上对收集到的资料进行逐层深入的解析，从而建构出科学理论。首先，根据准备工作，采用预先设计的访谈提纲与被访谈对象进行深度交谈，收集研究相关数据。其次，对获取的原始文本资料进行三级编码，即开放性编码、主轴性编码及选择性编码，根据研究需要运用典范模型将彼此间的关系重新组合串联起来，在此基础上提炼出政务抖音号进行知识传播的影响因素，深层次挖掘各因素间的关系，最终形成理论框架。

（二）数据收集

根据清华大学新闻与传播学院联合抖音发布的《知识的普惠 2.0——短视频与知识传播研究报告》，从 2020 年 8 月至 2021 年 8 月，有近 1.3 亿抖音创作者参与到知识传播的创作中，包括公安、消防、卫生、科协、文旅、环保等 45 个细分领域。知识类视频累计播放量超 4.4 万亿次，用户点赞量超 878 亿次，累计评论次数超 71 亿次，用户分享次数超 56 亿次，用户在抖音学习知识已经成为常态。为确保研究样本的客观性和有效性，本文选取具有一定知识素养的中青年用户作为受访对象，选取来自社会不同领域的 20 位受访对象，他们围绕"政务抖音号进行知识传播的影响因素"接受访谈。首先，随机抽取 5 名用户作为受访对象进行一对一的预访谈，获得初步访谈资料，并针对访谈效果调整访谈问题。其次，根据扎根理论的原则方法，进一步扩大受访对象数量，最终选取 20 名受访对象。通过对数据资料的收集整理，进行编码分析以及模型构建，最后随机选取部分资料用于理论饱和度检验。

本文遵循质性研究方法，在 2021 年 12 月至 2022 年 1 月期间，对代表性用户进行半结构式深度访谈，访谈形式以个人访谈为主，每次访谈时间在 30 分钟左右，受疫情、地域等因素的影响，访谈主要以电话和微信语音的形式进行，研究者通过与受访对象进行交谈了解用户对政务抖音号知识科普类视频的感受和想法，研究哪些因素影响政务抖音号的知识传播。本研究访谈提纲在回顾相关文献基础上进行确定，访谈过程中为得到有效反馈，针对访谈效果及时调整访谈问题，不断修改和完善访谈提纲。

（三）数据处理

1. 开放性编码

开放性编码是扎根理论编码程序中的第一步，即对于初始文本资料进行初级处理的过程。开放性编码的操作方式主要是将所有初始文本资料以其本身的状态进行呈现，然后将所有资料打散，重新赋予概念，以新的方式将资料重新组合起来的过程。通过开放性编码得出 21 个有效范畴（见表 1）。

表 1　开放性编码

范畴	初始概念	原始资料语句
B01 信息技术	算法推荐、海量、时效	A01：之前看过几次防电信诈骗的科普视频，之后抖音就会经常给我推送
B02 信任感知	信息及时性、信息真实性、信息权威性、扎实、恰当	A03：目前政务抖音号发布的视频做得都比较不错，实时性比较强，能够通过社会热点来及时对知识进行普及； A04：官方发布的信息比较权威和专业
B03 视频类型	交警、警事、法院、消防、健康	A05：由于本人经常开车，平时对交警抖音账号发布的视频较为关注； A06：广东消防的日常分享穿插科普知识； A07："四平警事"用段子讲述道理
……	……	……
B20 回复质量	亲切、接地气、不错	A20：会回复评论，让人感觉亲切、接地气
B21 感官体验	有针对性、便于理解、寓教于乐	A27：视频相对于文字而言更为生动形象，在短时间内就可以释放出大量知识内容，更易于大脑接收普及的知识内容，并且便于记忆； A28：各大政务短视频平台将政务以及相关知识普及进行了可视化的转变，更加形象生动地去普及知识，与线下的社区普相比，更加节省人力、物力

2. 主轴性编码

主轴性编码又称关联式编码，是扎根理论编码程序中的第二步，即利用"因果条件—现象—脉络—中介条件—行动/互动策略—结果"这一典范模型来进一步分析概念间的关系，挖掘彼此间的联系。主轴性编码通过不断对文本资料进行分析比对，在开放代码中找到共有概念，将其提取出来形成三大核心范畴，分别为环境因素、主体因素、客体因素，具体内容如表 2 所示。

表 2　主轴性编码

核心范畴	主范畴	初始范畴
环境因素	C1 内部环境	B01 信息技术
	C2 外部环境	B02 文化环境、B03 法律制度
主体因素	C3 政务主体权威性	B04 制作专业、B05 信任感知
	C4 政务主体定位	B06 视频类型、B07 内容规制
	C5 政务主体互动性	B08 回复速度、B09 回复语气、B10 回复质量

续表

核心范畴	主范畴	初始范畴
客体因素	C6 信息类型	B11 情景剧、B12 监控视频、B13 实拍视频、B14 动画视频
	C7 背景音乐类型	B15 情绪感知、B16 心理满足、B17 感官体验
	C8 标题语体特征	B18 书面语、B19 网络用语、B20 地方方言
	C9 视频时长	B21 时间长短

3. 选择性编码

选择性编码又称核心式编码，是扎根理论编码程序中的第三步，即挖掘核心范畴，用典型关系结构来描述整体行为。这些关系可以采用因果关系、语义关系、类型关系、结构关系、过程关系等，从逻辑关系角度来归纳总结，从而得出总结性核心范畴。本文对三大核心范畴进行进一步整理，研究发现信息技术、信息类型通过信息生产作用于知识传播，文化环境、法律制度对信息内容和信息生产产生直接影响，信息内容、信息生产与知识传播相互影响（见表 3）。

表 3　选择性编码

典型主范畴关系	关系性质	关系结构定义
信息技术与知识传播	中介关系	现代信息技术如算法推荐、系统优化等都会对政务新媒体信息生产产生影响，从而对知识传播产生影响
信息类型与知识传播	中介关系	信息类型如公安类、健康类、政法类会对信息生产产生影响，从而作用于知识传播
文化环境与信息内容	因果关系	社会文化导向、文化氛围对信息内容产生影响
法律制度与信息生产	因果关系	法律条例和部门规章是信息生产的先决条件，对信息生产有着直接影响
信息内容与知识传播	相互影响	信息的内容会影响政务短视频的制作方向，而政务短视频的制作方向也影响信息内容
信息生产与知识传播	相互影响	信息生产行为直接作用于知识传播，而知识传播的质量能够促进信息生产改变方向

4. 饱和度检验

在上述研究分析的基础上，随机选取 5 名受访对象进行理论饱和度检验，结果显示，上述研究分析模型中的范畴已达到饱和，新编码未超过上述研究提出的三大核心范畴（环境因素、主体因素、客体因素），三大核心范畴内部也未发现新编码，因此，此次研究表明该理论模型已经达到饱和程度。

四　研究发现

（一）环境因素对政务抖音号知识传播的影响

从宏观的角度来看，媒介的发展往往受到社会政治、经济、文化的影响，因此环境因素是政务抖音号进行知识传播的外在条件。环境因素由内部环境和外部环境构成，内部环境主要由信息技术构成[15]，外部环境主要由文化环境以及法律制度等因素构成。

首先，在 Web3.0 时期，知识量、知识组织以及传播方式都在技术的引领下发生了变革。抖音在技术赋能下实现了各方面性能的优化，字节跳动技术团队在《2021 年字节自研的 8 项"黑科技" | 字节技术年货》一文中提到过去一年自行研发的多项方案与工具，其中，安卓（Android）虚拟机内存管理工具 mSponge 从系统侧解决内存瓶颈，开发智能化测试系统 Fastbot 则广泛用于客户端的稳定性和兼容性测试等。[16]智能推荐让短视频基于个体兴趣特征的知识引导成为可能，与此同时，互联网技术的高速率、低时延、广范围等技术优势也大大提高了知识传播的流动速率。

其次，行政法规和部门规章为政务短视频知识传播保驾护航。我国十分注重互联网内容传播，网信部门、文化部门、宣传部门先后出台多项行政法规和部门规章。2018 年国务院办公厅印发《关于推进政务新媒体健康有序发展的意见》，对于政务新媒体发展做出部署；2019 年国务院办公厅再次制定《政府网站与政务新媒体检查指标》《政府网站与政务新媒体监管工作年度考核指标》，将政务新媒体的发展与政府政绩考核挂钩。[17]行政法规与部门规章的出台使政务抖音号不断涌现。目前在知识科普领域共有公安、消防、卫生、科协、文旅、环保等 45 个细分领域的政务抖音号积极参与传播。

最后，主流文化助推政务抖音号进行知识传播。2019 年 3 月 21 日，中国科学院科学传播局等联合字节跳动共同发起"DOU 知计划"，号召全国科研机构、政府部门参与到全民科普工作中来，通过短视频方式助推知识交流和学习。[18]政务抖音号"四平警事"借助策划系列微剧集的形式推动预防诈骗、法律法规知识的科普；"临沂兰山法院"通过动画演示对财产安全、吸毒贩毒、贩卖枪支、隐私保护、人身安全等知识进行科普。

（二）主体因素对政务抖音号知识传播的影响

主体因素是政务抖音号进行知识传播的保障性因素，由政务主体权威性、政务主体定位、政务主体互动性组成。

首先，现阶段网络信息繁杂、真假难辨。政务短视频的运营主体由政务领域权威机构组成，此类政务抖音号内容制作精良、专业化程度高、社会影响力大。经过长期发展，现阶段政务抖音号的内容创作由新媒体和短视频运营与制作的专业人员完成。政务短视频运营人员熟练掌握专业知识，熟悉专业领域，能够针对受众需求，结合本单位宣传需要找准专业化制作方向。因此，政务抖音号进行的知识传播有着不可替代的权威性。四平市公安局政务抖音号"四平警事"以各种犯罪手法和案例作为视频素材，在真实案例基础上进行创作，受众在观看其视频的时候不仅享受了娱乐放松，也能够学习普法知识。

其次，政府对于政务短视频的定位影响知识传播。2019年5月29日，人民网发布的《政务短视频发展研究报告》中提到，政务短视频要基于自身定位发挥寓教于乐的功能和作用。[19]各政务系统基于自身职能范围，因此其宣传内容各不相同，公安类政务短视频以反诈科普、法规科普、灾害救护科普等内容为主，地方类政务短视频以政策解读、地域文化传播为主，医院类政务短视频以健康知识普及、医疗救护示范为主。

最后，政务短视频的知识传播受到账号与受众联动的影响，主要包括政务短视频平台对于用户的回复速度、回复语气的影响。政务短视频是政府与公众之间进行连接、互动的新方式。2021年5月25日，国家反诈中心联合抖音开展"反诈者集合"系列活动，"首都刑警""此城此警""海口公安""柳州警方""警民直通车—上海"等多家政务抖音号在直播中通过案例解析、反诈问答等形式与用户进行互动[20]，起到了科普和示范作用。政务短视频平台用户可以通过点赞、收藏、评论、直播等形式参与知识传播过程，政府的政务短视频平台也可以通过与用户之间的互动了解用户需求，改善视频制作方向，使制作出的视频符合三贴近原则，相较于传统的知识传播方式，政务短视频话语形态灵活，强调用情境构建和案例重现来达到科普和宣传的目的。

（三）客体因素对政务抖音号知识传播的影响

客体因素是影响政务短视频进行知识传播的内在条件。公众通过参与政务短视频获得相对应的信息服务，其中包括信息类型、背景音乐类型、标题语体特征、视频时长等。

目前政务短视频的信息类型存在多种形式，在其政务抖音号中并没有固定形式，当前信息类型涉及情景剧、动画解读、监控视频、实拍视频等形式。实拍视频、监控视频因其具备时效性和视觉冲击力因而能够给用户留下深刻印象，从而对于知识传播起到良好的宣传效果。情境短剧大多以系列拍摄的形式进行呈现，能够提高用户参与度以及增强用户黏性。因而，信息类型对政务抖音号进行知识传播产生影响。

政务抖音号内容因其音画同频特征，相较于传统图文演示，更加能够通过背景音乐的感染性对知识传播产生影响。潜在的背景音乐影响用户观看和浏览的认知、态度和心理。1936 年 Hevner 使用 67 个情感形容词来描述音乐表达的情感空间，并且将这 67 个情感形容词分成 8 个类别，分别为庄严的（dignified）、悲伤的（sad）、梦幻的（dreamy）、安静的（serene）、优雅的（graceful）、开心的（happy）、激动的（exciting）、有力的（vigorous）。[21]不同类型的音乐适应不同的用户群体，一般而言，安静的、优雅的对于老年人的传播效果较好，激动的、有力的对于中青年人传播效果较好，开心的音乐能够激起孩子的共鸣，从而产生良好的传播效果。

标题语体特征包括网络用语表达、方言表达等形式，如政务抖音号"四平警事"中常用东北地区方言，使用方言讲述增加了知识类视频的趣味性，拉近了和用户之间的距离，体现了平民化的叙事视角。网络用户表达和方言表达是政务短视频进行知识传播的两个重要影响因素。

视频时长是影响政务抖音号传播效果的重要因素之一，在碎片化时代，受众注意力容易受到环境因素、个体因素以及其他因素影响，对同一事物不能保持高注意力。因而，时长过长的视频对于政务抖音号的知识传播可能产生不利影响。

五 结语

人类的知识传播经历印刷阶段、电子阶段和网络阶段，在知识普惠的

2.0 时代，知识传播与政务新媒体相契合，政务新媒体实现了主体创作、客体参与、渠道连接的传播样态。本研究采用扎根理论的质化研究方法，针对当前政务抖音号知识传播的现状，结合研究主题进行数据清洗以及编码分析。在理论层面上构建了政务抖音号知识传播影响因素模型，环境因素是外在条件、客体因素是内在条件、主体因素是保障性条件，模型的构建分析为政务抖音号的研究提供了一定的启发，在实践层面能够助推政务抖音号实现良性发展。与此同时，本研究也存在一定的不足和缺陷，是否还存在其他影响因素仍需要深入探究，在未来，随着政务新媒体的不断发展，需要就知识传播展开更加深入的研究。

参考文献

［1］国务院关于印发全民科学素质行动规划纲要（2021—2035 年）的通知（国发〔2021〕9 号）［EB/OL］．中国政府网．2021-06-25．http：//www.gov.cn：8080/zhengce/content/2021-06/25/content_5620813.htm.

［2］中国互联网络信息中心．第 50 次《中国互联网络发展状况统计报告》［EB/OL］．2022-08-31．https：//www.cnnic.cn/n4/2022/0914/c88-10226.html.

［3］王程伟，马亮．政务短视频如何爆发影响力：基于政务抖音号的内容分析［J］．电子政务，2019（7）：31-40.

［4］杨一森，刘福泉．从"四平警事"看政务抖音号的传播优势与发展路径［J］．传媒，2020（22）：56-58.

［5］郭萍．政务短视频传播策略探析——以"中国消防"抖音号为例［J］．传媒，2019（24）：54-55.

［6］陈强，高幸兴，陈爽等．政务短视频公众参与的影响因素研究——以"共青团中央"政务抖音号为例［J］．电子政务，2019（10）：13-22.

［7］巫霞，马亮．政务短视频的传播力及其影响因素：基于政务抖音号的实证研究［J］．电子政务，2019（7）：22-30.

［8］赵艺扬．我国政务短视频发展的时代意义与优化路径［J］．人民论坛·学术前沿，2021（4）：112-115.

［9］于晶，谢泽杭．政务短视频传播效果评价指标体系构建［J］．华南理工大学学报（社会科学版），2020（6）：117-127.

［10］刘柳，马亮．政务短视频的扩散及其影响因素：基于政务抖音号的实证研究［J］．电子政务，2019（7）：11-21.

［11］魏超．城管机构抖音政务号的传播效果探究［J］．青年记者，2021（24）：73-74.

［12］刘峰，严三九．区级融媒体中心短视频内容生态构建——基于受众信息采纳

行为的研究［J］. 新闻记者，2021（12）：51-61.

［13］李磊，肖新月，王润琪. 短视频时代政府网络舆情引导研究［J］. 湘潭大学学报（哲学社会科学版），2021（4）：80-84.

［14］陈向明. 扎根理论的思路和方法［J］. 教育研究与实验，1999（4）：58-63+73.

［15］霍明奎，蒋春芳. 基于信息生态理论的政务微信平台用户互动意愿影响因素及提升策略研究［J］. 电子政务，2020（3）：110-120.

［16］CSDN. 不完整收录：2021 年字节自研的 8 项"黑科技"｜字节技术年货［EB/OL］. 2022-02-03. https：//blog. csdn. net/ByteDanceTech/article/details/122780702? spm=1001. 2014. 3001. 5501.

［17］陈世华，蒋博斌. 政务短视频参与社会治理的价值和路径［J］. 社会工作，2020（6）：77-89+110.

［18］字节跳动联合中国科学院等四机构推出"DOU 知计划"进行全民科学普及活动［EB/OL］. 2019-03-26. http：//www. bjhd. gov. cn/hdy/ywdt/201903/t20190326_4309192. html.

［19］财视网. 人民网舆论与公共政策研究中心发布政务短视频发展研究报告［EB/OL］. 2019-05-28. http：//www. caishiv. com/insight/detail? id=9802.

［20］新浪网. 反诈者集合！抖音联合国家反诈中心开展安全周宣传反诈骗［EB/OL］. 2021-05-26. http：//k. sina. com. cn/article_3177450665_bd640ca90200168x4. html.

［21］陈晓鸥，杨德顺. 音乐情感识别研究进展［J］. 复旦学报（自然科学版），2017（2）：136-148.

会议综述

2022年"新媒体公共传播"学术研讨会综述

张英培[*]

摘　要： 2022年的公共传播研究呈现多种范式和多元议题协同发展的趋势。面对意识形态领域存在的挑战，以及社会发展中群众在就业、教育、医疗、托育、养老、住房等方面面临的难题，新闻传播学学者们以媒体和传播的公共性为抓手，积极对社会治理、中国式现代化、乡村振兴、政策传播、文化传播等展开探索。作为一个极具潜力的概念指称，公共传播正在不断拓宽边界，立足实际回应本土化问题。

关键词： 公共传播；郑州大学；社会发展

An Overview on 2022 Webminar of "New Media Public Communication" Studies

Yingpei Zhang

[**Abstract**] Public communication research in 2022 shows a trend of collaborative development with multiple paradigms and diverse issues. Faced with the challenges in the field of ideology, and the difficulties faced by the masses in employment, education, medical care, childcare, old-age care, and housing in social development, scholars of journalism and communication take the publicity of media and communications as the starting point, and the actively explore social governance, Chinese path to modernization, rural

---

* 张英培，郑州大学新闻与传播学院讲师。

revitalization, policy communication, and cultural communication. As a potential concept, public communication is constantly expanding its editing and addressing the issue of localization based on practical reuse.

［**Keywords**］ Public Communication；Zhengzhou University；Social Development

新媒体时代，传播对政务服务、公共服务、民生保障的支撑作用进一步凸显，而随着传播议题深入科学、卫生、教育、文化等领域，学界与业界也越来越关注公共传播实践对社会、政治和生活的意义。公共传播与其他传播类称表述的最大区别在于，公共传播具有社会功能。随着多元主体基于公共性展开沟通与活动，公共传播在形塑舆论格局、推进治理能力现代化、建构社会组织形式与文化模式，甚至形成人们的公共生活等方面开始扮演重要角色。正是基于这一认知，2022 年 11 月 19 日，郑州大学新闻与传播学院和郑州大学新媒体研究院联合主办第六届"新媒体公共传播"学术研讨会。来自中国社会科学院新闻与传播研究所、中国人民大学、复旦大学、北京大学、中国传媒大学、南京师范大学、湖南师范大学、山西大学等高校和科研院所的 14 位专家、教授，以及来自全国 60 多所高校的 90 多位教师和研究生，相聚"云端"，共同围绕"新媒体公共传播"展开多面向、多层次的交流与研讨。

一　新媒体与社会发展

公共传播的发展走向内嵌于特定的社会背景、社会情景，更遵循特色的价值指向。郑州大学新闻与传播学院副院长张淑华教授作了题为《乡村老年群体的"抖音社交"与"媒介养老"现象研究——以豫中某乡村为例》的主旨演讲。张教授敏锐地察觉了农村老龄化社会症候与"网络时代养老"这个新现象之间的关系，提出短视频类 App 对于社会参与感不足、精神生活贫瘠、娱乐资源匮乏、亲人陪伴缺失的农村老年人有着积极作用。同时，农村问题的复杂性也可能导致这种"媒介养老"转化为"数字沉迷"，从而引发更多元隐匿的社会生活问题。《新闻大学》杂志常务副主编、复旦大学新闻学院朱春阳教授作了题为《新型主流媒体的当代价值》的主旨演讲，与参会专家分享近期的研究与观察。朱教授提出，现代性的发展最终消解了理性,当智能算法以"千人千报"的方式消解事实的最大公约数时,价值共识的达成也失去了基础。因此,主流媒体必须继续扮演传统时期的媒体角色,为人们开展公共讨论提供最大的事实公约数,在多元对话中形成有效协商,并建构稳定共识。朱教授强调,研究者要从新时期的坐标里定位主流媒体的公共职能,并尝试在中国式现代化进程中追问主流媒体的价值方向。此外,基于公共社会发展的需要,公共传播也应参与各种社群实践活动。中国社会科学院新闻与传播研究所编辑室副主任、副研究员沙垚作了题为《在乡村振兴框架中传承非遗民俗》的主旨演讲。沙垚研究员把非遗民俗融入国家重大战略,与乡村振兴协同。另外他还提出如何沿着大国工匠的思路,把非遗产业进行创意性的转化。山西大学政治与公共管理学院院长董江爱教授作了题为《新媒体赋能乡村振兴的困境及出路》的主旨演讲。以自身所在山西地区的乡村振兴实践为切口,董教授深入剖析了当前山西乡村振兴工作存在的显著优势以及新媒体赋能山西乡村振兴中存在的困境。董教授认为,如何组织群众、宣传群众、凝聚群众、服务群众是乡村振兴实施过程中的重要问题。基层的融媒体转型构筑了一张横向到边、纵向到底,人、事、物全覆盖的数字网络,破解了隐患发现难、服务效率低的问题。在基层党委的领导下,公共性的数字网络可以推进乡村治理、促进政策传播、建构基层社会的组织模式和文化形式,最终实现乡村振兴。

二 公共传播与中国式现代化

公共传播的重要视角之一是考察以社会公共利益为目的的信息流通与交换如何促进社会认同与公共之善。中国式现代化是一种基于公共性的价值和规范、促进认同与合作、强调增益互惠与普惠均等的现代化。媒体与公共传播对于中国式现代化的形成与延展意义重大。湖南师范大学新闻与传播学院院长尹韵公教授作了题为《中国现代化的传媒贡献》的主旨演讲。尹教授认为,中国式现代化具有整体性、全局性、体系性的社会发展特征,我国的传播系统通过舆论引导对改革开放保驾护航,为党和国家的事业发展与中国式现代化做出了独特的贡献。南京师范大学新闻与传播学院院长张晓锋教授作了题为《面向中国式现代化的国际传播能力建设思考》的主旨演讲。张教授强调对内构建国家公共传播体系的重要性,同时指出实现公共传播体系的完善必须进一步加快构建中国话语和中国叙事体系。张教授也阐释了中国式现代化国际传播研究的三个维度：一是追寻历史、汲取养分，弘扬优良的国际传播传统；二是立足国情、认清形势，提高应对国际传播的效能；三是自立自强、文化自信，创新国际传播的中国路径。

三　公共传播与社会治理

媒体与社会治理的观念和实践一直是传播学研究的核心议题。公共传播以社会公共利益为目的，强调公共机构的公共职能，是政府治理的有效补充。中国社科院新闻与传播研究所所长、中国社会科学院大学新闻传播学院院长胡正荣教授作了题为《全媒体：公众平台与社会治理》的主旨演讲，强调了重建公共传播体系的价值性。胡教授提出，随着数字基础设施广泛融入生产生活，国家应该扮演公共利益的代言人、保障者和实现者，探索建立适应信息生产传播规律与社会治理要求的智慧媒体平台。智慧型全媒体平台必须以公共利益为优先方向，打通地域与社会圈层界限，实现资源汇聚和全要素链接，才能成为国家和社会协同治理中的有机组成部分，并最终达成社会意义的"共建、共治、共享"。中国新闻史学会联席秘书长、中国人民大学新闻学院邓绍根教授作了题为《"舆论监督"的里程碑：中共十三大的新闻宣传》的主旨演讲。他提出，党的十三大的召开是舆论监督理论发展史上的里程碑。党的十三大后，舆论监督作为一种公共传播的实践与观念日益融入中国社会的民主政治生活中。党的十三大加快了新闻舆论工作改革、促进了社会协商对话、强化了舆论监督功能。人民网舆情数据中心副主任、人民在线总编辑单学刚作了题为《数字化时代的城市安全治理》的主旨演讲，他指出数字化正以不可逆转的趋势革新人类生存空间，而数字化转型的态势已从企业范畴延伸至政府治理和城市发展的方方面面。城市数字化转型成为城市治理的新趋势，依托传媒技术实现面向公众、服务公众的传播是媒体与社会治理的未来发展方向。

四　新媒体传播的公共性

虽然公共传播与传播的公共性不尽相同，但这两个紧密交织的概念都致力于讨论如何在公平公正的环境下遵循公开原则,传播主体就共同关心的议题进行公开的话语信息交换。中国传媒大学新闻学院院长、《现代传播》杂志主编隋岩教授作了题为《媒介演变与数字平等》的主旨演讲,指出新兴媒介看似对人赋权,实则默许了技术面纱下的不平等、不均衡、不普惠的现象存在。隋教授结合自己在大学期间关于"呼机"(传呼机)的趣事,引出了同等拥有传播介质时主体之间仍然存在的不平等现象。此外,隋教授强调,由技术、数据和资本网络平台建构的新兴传播模式表面看似平等,却容易生成隐匿的传播霸权,可能对社会心理、社会情绪、社会关系造成极大影响。北京大学公共传播与社会发展研究中心主任、北京大学新闻与传播学院师曾志教授作了题为《数智时代公共传播中的共情与交往(互动)秩序》的主旨演讲,与大家分享了自己近期的研究。师教授指出,技术作为认知自我与世界的方式不断迭代,在试图揭开自然面纱之时,也撩动起人们对权力、资源、技术、资本、权威等的欲望与情感。师教授认为,共情传播已经成为人民日常生活的必要组成部分,邻近、交谈所形成的势力构建着新的交往(互动)秩序。

五 新媒体与文化研究

新时期里,媒体与文化的关系日益密切,媒介文化深刻影响着人们的思维方式、行为方式、价值取向。媒体对特定文化资源与传统的创造性转化和创新性发展,不仅可以促进文化事业日益繁荣,更能够实现百花齐放、百家争鸣,丰富人民的精神文化生活。郑州大学新闻与传播学院副教授邓元兵作了题为《短视频与城市形象传播》的主旨演讲,一方面在宏观上介绍媒介逻辑对网红城市兴起的影响,另一方面从微观上考察网红城市的塑造过程。邓元兵认为,比起政府机构,民众才是短视频领域内城市形象传播的主力军,而与本地文化、本地美食、城市景观等与城市有关的内容更易成为"爆款"。中国人民大学新闻学院教授、中国人民大学公共外交研究院副院长钟新教授则关注对外传播过程中如何提炼展示中华文明的精神标识和文化精髓,展现可信、可爱、可敬的中国形象。在题为《基于中国传统节庆体育的国际文化活动品牌建构——德国杜伊斯堡欢乐龙舟节分析》的主旨演讲中,钟教授将龙舟节这一活动放置于文化传播的背景下展开研究。赛龙舟起源于中国,但目前世界上最大的赛事却于莱茵河畔的德国杜伊斯堡市举办。这座曾有欧洲最大内陆河货运港的城市在完成改造后，仓储装卸河道成为龙舟赛的赛道。自 2000 年以来，德国杜伊斯堡市在每年的 6 月都会举行欢乐龙舟节。2019 年，中国龙舟队首次参加德国杜伊斯堡欢乐龙舟节。钟教授认为龙舟节已经发展为具有丰富意义和情感联系的特殊文化符号，成为极富中国特色的对外人文交流活动。

《新媒体公共传播》
征稿启事

　　《新媒体公共传播》是因应新媒体环境下大众传播向公共传播转向的现实，以公共领域中的新现象、新问题、新趋向等为研究对象，以公共治理、公共事务、公共事件、公共人物等具体议题为研究切入点，以新媒体技术发展应用与公共传播为内容特色，以推进新媒体研究与公共传播研究的不断深入和高质量成果的不断产出，并以此助力社会发展、增进学术研究的公益性和建设性为目标，以通过公共传播理论建设和实践创新推进新闻传播学的学科发展为自觉使命的学术集刊。集刊创刊于2019年，由郑州大学新媒体研究院、郑州大学新闻与传播学院主办，社会科学文献出版社出版，面向社会公开发行。

　　本刊常设有"专题策划""学界前沿""研究报告""回眸'网'年""公共传播""区域传播""新媒体应用""个案研究""人物访谈""新书速递""会议综述"等栏目。"专题策划"每辑围绕新媒体公共传播热点话题进行专题研究；"研究报告"集纳公共传播领域权威研究机构独家发布的学术研究报告；"回眸'网'年"专注于对公共传播研究的年度综述和年度重要事件、重要政策、重大研究成果的记录和介绍；"公共传播"则聚焦公共治理、公共利益、公共领域和公共关系等维度的新现象和新问题，可以就危机、环境、健康、公益、企业、性别、老年、时尚、乡村、城市等无限定的丰富内容展开讨论；"区域传播"侧重于从地方和协同发展维度讨论本土化、在地性议题；"新媒体应用"关注技术应用和技术理论的发展前沿和具体场景、具体应用；"个案研究""人物访谈""新书速递""会议综述"等，是依托具体的事件、人物、学术成果、学术活动的思想对话和研究摘要，具有"窗口展示"和"成果集纳"的价值和意义。

投稿须知

（1）论文稿件应系作者原创，投稿请保证作品的完全著作权（版权），并保证该作品没有侵犯他人权益，谢绝第三方投稿。

（2）投稿明确标示本稿件"专投《新媒体公共传播》"，切勿一稿多投。

（3）来稿格式规范参看后文附件。

（4）论文稿件主题内容不限，与"新媒体与公共传播"相关即可，篇幅建议在 6000 字与 15000 字之间。

（5）投稿论文必须包含以下内容模块：标题、作者简介、摘要、关键词、正文、注释。其中标题、作者姓名、摘要、关键词须附英语译文。全国、省部级及重要基金项目需注明项目名称、编号。论文以课题组署名须注明课题组主要成员姓名及工作单位。来稿请注明预投的栏目。

投稿邮箱： xmtggcb@ 126. com

联系电话： 0371-67780085

《新媒体公共传播》编辑部

《新媒体公共传播》
体例规范

一　摘要、关键词要求

（一）摘要：字数为 200 字左右，简明扼要地陈述研究目的和结论；字体为宋体；字号为五号。

（二）关键词：3~5 个词条，用分号隔开；英文关键词词组首字母大写。

二　正文部分要求

（一）正文内容与标题

正文标题：字体为宋体；字号为三号；居中对齐；加粗。

作者姓名：字体为宋体；字号为四号；居中对齐；加粗；多个作者中间空两个字符。

正文内容：字体为宋体；字号为五号；1.5 倍行间距。

正文内容与正文标题隔一行。

1. 一级标题：居中，宋体，四号，加粗。

2. 二级标题：开头空两格，宋体，小四，加粗。

3. 三级标题：开头空两格，宋体，五号，加粗。

原则上不超过三级标题。

注意：一级、二级标题在标题和正文之间空一行；三级标题与正文之间不空行。

"注释"：宋体，五号，加粗。

注释内容：宋体，五号，1.5 倍行间距。

（二）图表规范

1. 图表的标题后须加单位；图标题放在图的下方，表标题放在表的上方；图名称不需要"××图"，但是表格中的名称可加"××表"。

2. 注意图表数据和文中数据的统一。

3. 全文图表中的数据，统一保留小数点后一位。

4. 自动生成图表数据，可能会造成数据总量的出入，需要慎用，或者使用后手动检查。

（三）英文作者规范

论文中出现的英文作者或英文书名等，需翻译成中文，并在第一次出现时用括号标示英文，例如乌尔里希·贝克（Ulrich Beck）。

三　参考文献和注释

（一）参考文献体例

文章中引用的相关文献信息须按在正文中出现的先后顺序以"参考文献"列于文后。序号用［1］，［2］，［3］……标识，全文统一排序。正文中的注释序号采用上角标统一置于包含引文的句子（有时候也可能是词或词组）或段落标点符号之后（请不要使用 Word 自带的"引用-尾注"，而是通过"字体-上标"的方式进行修改）。

同一文献在文中被反复引用者，均用第一次出现的序号标示；同一处引用多篇文献时，只需将各篇文献的序号列出，各序号间用","分隔；如遇连续序号，可标注起讫序号。参考文献的主要责任者超过三个时，只著录前三个，其后加"，等"（英文文献加"，et al."）。

文中遇到特殊情况需要单列说明时，须采用当页脚注、加圈码形式标示，每页单独编号。

（二）参考文献的标注格式

文献类型标识：普通图书［M］；期刊［J］；学位论文［D］；报告［R］；会议录［C］；汇编［G］；报纸［N］；标准［S］；专利［P］；数据库［DB］；计算机程序［CP］；电子公告［EB/OL］。参见国标规范。

1. 专著

含各种载体形式出版的普通图书、古籍、学位论文、会议文集、汇编、丛书等。

标法：［序号］主要责任者．题名：其他题名信息［文献类型标志］.

其他责任者．版本项．出版地：出版者，出版年：引用页码．

例：［1］姚端正，梁家宝．数学物理方法（第2版）［M］．武汉：武汉大学出版社，1997：105-112.

［2］Crawfprd, W., Gorman, M. *Future Libraries*: *Dreams*, *Madness*, *& Reality*［M］. Chicago：American Library Association, 1995：56-57.

2. 专著中的析出文献

标法：［序号］析出文献主要责任者．析出文献题名［文献类型标志］．析出文献其他责任者//专著主要责任者专著题名：其他题名信息．版本项．出版地：出版者，出版年：析出文献起止页码。

例：［1］卞葆．编辑体制改革中的质量管理工作［C］//田胜立．出版转制与编辑工作——中国编辑学会第九届年会论文集．北京：中国大百科全书出版社，2005：67-70.

3. 期刊中的析出文献

标法：［序号］主要责任者．文献题名［J］．刊名，年（期）：起止页码．

例：［1］李炳穆．理想的图书馆员和信息专家的素质与形象［J］．图书情报工作，2000（2）：5-8.

［2］Caplan, P. Cataloging Internet Resources［J］. *The Public Access Computer Systems Review*, 1993, 4（2）：61-66.

4. 报纸中的析出文献

标法：［序号］主要责任者．文献题名［N］．报纸名，出版日期．

例：［1］丁文祥．数字革命与竞争国际化［N］．中国青年报，2000-11-20.

5. 电子文献

标法：［序号］主要责任者．题名：其他题名信息［文献类型标志/文献载体标志］．如有详细出版信息应标注出版地，出版社名称，出版年和访问路径．

例：［1］王明亮．中国学术期刊标准化数据库系统工程的进展［EB/OL］．1998-08-16. http：//www. Cajcd. cn/pud/wml. Txt/9808 10-2. html.

图书在版编目（CIP）数据

新媒体公共传播. 第 6 辑 / 张淑华主编；潘亚楠，
谢晨静副主编. -- 北京：社会科学文献出版社，2023.10
ISBN 978-7-5228-2301-0

Ⅰ.①新… Ⅱ.①张… ②潘… ③谢… Ⅲ.①传播媒
介-研究 Ⅳ.①G206.2

中国国家版本馆 CIP 数据核字（2023）第 152466 号

新媒体公共传播（第 6 辑）

主　　编 / 张淑华
副 主 编 / 潘亚楠　谢晨静

出 版 人 / 冀祥德
责任编辑 / 张建中
责任印制 / 王京美

出　　　版 / 社会科学文献出版社·政法传媒分社（010）59367126
　　　　　　地址：北京市北三环中路甲 29 号院华龙大厦　邮编：100029
　　　　　　网址：www.ssap.com.cn
发　　　行 / 社会科学文献出版社（010）59367028
印　　　装 / 三河市尚艺印装有限公司

规　　　格 / 开　本：787mm×1092mm　1/16
　　　　　　印　张：11.5　字　数：185 千字
版　　　次 / 2023 年 10 月第 1 版　2023 年 10 月第 1 次印刷
书　　　号 / ISBN 978-7-5228-2301-0
定　　　价 / 78.00 元

读者服务电话：4008918866